HEINRICH BECK / ZUGANG ZUM GLAUBEN

HEINRICH BECK

Anthropologischer Zugang zum Glauben

EINE RATIONALE MEDITATION

UNIVERSITÄTSVERLAG ANTON PUSTET
SALZBURG · MÜNCHEN

Fotosatz, Druck und Bindung: Salzburger Druckerei,
Salzburg, Bergstraße 12.

ISBN 3-7025-0164-9

Inhalt

I. Teil
Grundstruktur der Wissenschaft und Möglichkeit des Glaubens

II. Teil
Menschliche Existenz und religiöser Glaube

Vorwort

Der folgende Versuch möchte in einer doppelten Hinsicht etwas Neues bieten:

Zunächst in der *Form:* Nach weit verbreiteter Ansicht bedeuten Rationalität und Meditation zwei grundverschiedene Erkenntnisweisen, die sich gegenseitig ausschließen. Eine »rationale Meditation« – wie der provozierende Untertitel lautet – sucht demgegenüber die ursprüngliche Einheit beider wiederzugewinnen. Rationales Denken, wenn es meditativ vollzogen werden soll, verlangt klare und durchsichtige Logik in einer möglichst einfachen und nüchternen – eben dann «luziden« und »sensiblen« – Sprache. Nicht eine fremdwortüberladene »Fachlichkeit«, sondern schlichte Sachlichkeit, auch nicht eine marktschreierische Gestikulation mit Vokabeln, die höchstens ein vordergründiges Informationsbedürfnis befriedigt, sondern eine besinnliche, dem Sinnzusammenhang nachgehende Denkbemühung ist dem anspruchsvollen Thema gemäß.

Der in dieser Form erschließbare »anthropologische Zugang zum Glauben« vermittelt auch wichtige neue *inhaltliche* Gesichtspunkte: die Einheit und Zusammengehörigkeit der objektiv-kosmologischen und der subjektiv-anthropologischen Komponente des rational-meditativen Weges; das Beziehungsganze von wissenschaftlicher Logik und persönlicher Freiheit, von sinnlicher, rationaler und überrationaler Erkenntnisweise und emotional-affektiver Antwort; und die gegenseitige Zuordnung von Kosmos, Individuum und Gesellschaft im Begegnungsraum der Religion. Bedrängende Standpunkte und Fragen (wie die Religionskritik bei Feuerbach und Marx, der Empirismus und Positivismus) und Aufgaben (wie die Krise der Institution oder der politische und kulturelle Gegensatz von Ost und West) rücken ebenso in eine vielleicht überraschend neue Perspektive wie die Einheit der Menschlichkeit und Göttlichkeit in der sogenannten »hypostatischen Union« Christi als des »unbegrenzt menschlichen« und deshalb »schlechthin universellen Menschen«.

Ein schnelles kursorisches Informationsbedürfnis wird bei einer »rationalen Meditation« scheitern; nur einem streng methodischen Mitvollzug kann sich ein Zugang zu Mitte und Ursprung des fragenden Menschen und seiner Welt erschließen.

Der Verfasser

Einleitung

Anthropologie – die Wissenschaft vom Menschen – ist so alt wie die Wissenschaft, ja wie der Mensch selbst: Seit der Mensch als Mensch existiert, will er nicht nur sein, sondern bewußt sein: Er sucht Wesen und Sinngehalt (Logos) seines menschlichen Seins (Anthropos) in das Bewußtsein zu heben und auszusagen. In solcher Anthropo-logie, die sein praktisches Verhalten stets begleitet und bemißt, entwickelt und verwirklicht er sich selbst.

In der Urzeit und Antike verstand sich der Mensch noch als eingebundenes Glied des Kosmos; erst mit der Neuzeit trat Anthropo-logie gegen bloße Kosmo-logie heraus und begründete sich als eigenständige Wissenschaft. Dies geschah im Zuge der Entwicklung von Natur- und Technikwissenschaften, worin der Mensch sich die kosmische Natur als Gegen-stand (Ob-jekt) technischer Beherrschung gegenüberstellte und sich selbst als Träger und Grund-lage (Sub-jekt) solcher Wissenschaft und Herrschaft gegen sie freisetzte und durchsetzte. Diese auto-nome Selbstsetzung des Menschen fand einen philosophischen Audruck z. B. in der Existenzphilosophie, die den Menschen als Ek-sistenz, d. h. aus aller Natur sich herausbewegendes Sein auslegte und so eine moderne Gestalt der Anthropologie begründete. Neben solche philosophische Anthropologie, die das Sinn-Ganze des Menschen aufzuhellen strebt, traten partielle, natur- und geisteswissenschaftliche Blickrichtungen, z. B. eine biologische, medizinische, psychologische und kulturgeschichtliche Anthropologie, die den Menschen unter den Teilaspekten der entsprechenden Einzelwissenschaften zu beschreiben oder in Be-griff zu nehmen suchten. Moderne Anthropologie, die den Menschen auch in seiner gegenwärtigen Verfassung zu deuten hat, schreitet in einer umfassenden kritischen Ergänzung all dieser Frageansätze voran (1).

Hierbei zeigt sich in prinzipieller wie konkreter Deutlichkeit, daß der Mensch ein dynamisches Wesen darstellt, d. h. sich stets so gegeben ist, daß er sich auf-gegeben bleibt. Diese Aufgabe hat eine »theoretische« und eine »praktische« Komponente: Im Maße er von sich eine Vor-stellung erzeugt, gewissermaßen sich geistig vor sich hinstellt und anschaut (Theorie = Schau), vermag er sich im praktischen Vollzug in sich und seine Möglichkeiten hineinzubewegen und zu verwirklichen – ein Prozeß, der gleichermaßen Individuum, Gesellschaft und Kosmos berührt. Dieser »theoretische« und »praktische« Hervorgang des Menschen in der persönlichen und (zugleich) gemeinsamen Geschichte aber – so lautet die folgende These – ereignet und vermittelt sich im radikalen und vollen Sinne erst im Glauben, in dem der Mensch so gründ-lich in sich hineingeht, daß er dabei über sein eigenes begrenztes Sein hinausschreitet und sich seinem göttlichen Grund anvertraut, aus dem her er sich dann in ur-sprünglicher Freiheit begründet.

Demgemäß gliedert sich die folgende Betrachtung in zwei Teile: In einem ersten geht der Blick zunächst auf die Grundstruktur des menschlichen Bewußtseins und wissenschaftlich entwickelten Wissens und fragt, ob bzw. inwiefern von ihm her Glaube möglich ist. Nach

(1) Vgl. z. B.: *H.-G. Gadamer, P. Vogler* (Hrsg.), Neue Anthropologie (7 Bde.), Stuttgart–München 1972 bis 1975.

solcher erkenntnis- und wissenschaftstheoretischer Vorbereitung kann in einem zweiten Teil das Ganze der menschlichen »Ek-sistenz« im dialogischen Lebensvollzug des religiösen Glaubens vor den fragenden Blick treten.

I.
Grundstruktur der Wissenschaft und Möglichkeit des Glaubens

1. Verhältnis von Wissen und Glauben als Problem

Die Wissenschaft als logisch geordnetes Bewußtsein und Wissen von der Wirklichkeit ist ein Produkt des Menschen und damit ein anthropologisches Phänomen. Wie aber ergibt sich Wissenschaft aus dem »Logos des Anthropos«, aus welchem Grund bringt der Mensch sie hervor?

Der Sinn des gegen-ständlichen Bewußtseins und Wissens liegt sicher auch darin, die Welt zum Gegenüberstehen zu bringen und sich so ihrem über-mächtigen (und übermächtigenden) Andrang und Zugriff zu entziehen. Mit seinen Be-griffen nimmt vielmehr er sie geistig in Griff und setzt und erfährt sich so gegenüber allem naturhaften Sein in seiner Freiheit und Macht (= Herr-lichkeit); diese erscheint so als ein Motiv der Wissenschaft.

Indem er aber die Wirklichkeit in seine abgrenzenden Begriffe einengt und sich technisch in einer begrifflich erfaßten Welt einrichtet, engt er sich selbst in sie ein; er gerät unter die Sachzwänge der wissenschaftlich-technisch verfügten Welt. Damit aber erzeugt er gleichzeitig in sich eine Sehnsucht nach erneuter Befreiung: nun von der zubereiteten Welt der Wissenschaft und ihrer Vordergründigkeit, die er in eine hintergründige Weite und Tiefe der Wirklichkeit zu übersteigen (zu »tran-szendieren«) sucht. Dies geschieht durch die über-wissenschaftlichen Akte des »Erahnens«, »Erlebens« und »Glaubens«.

So aber stürzt er sich in eine erneute Unsicherheit und Unfreiheit: Denn Glaube bedeutet ja nicht sicheres

Wissen. Der transzendente Hintergrund der vordergründigen Welt ist unfaßbar und unverfügbar; er kann daher als etwas Unheimliches und Gefährliches empfunden werden.
Der moderne Mensch bewegt sich damit in ein existentielles Dilemma: Je mehr er sich durch exakte Wissenschaft und Technik gegen alles abzusichern und freizusetzen sucht, desto tiefer scheint ihn das Ungreifbare und Unplanbare zu bedrohen und zu ängstigen. Angst aber bedingt – wie schon das Wort sagt – Enge und Unfreiheit.
Oder vermag der Glaube eine tiefere, wenn auch anders geartete Sicherheit und Freiheit zu geben? Wenn ja, unter welchen Voraussetzungen? Etwa als religiöser oder gar christlicher Glaube?
Das Freiheitsverlangen, aus dem Wissenschaft und Glaube hervorgehen, versetzt also die menschliche Existenz in eine dialektische Spannung: Mit der gewaltigen Entwicklung der Wissenschaft in den letzten Jahrzehnten wurden immer größere Bereiche der Wirklichkeit dem exakten Wissen erschlossen. Und doch spürt der Mensch dabei immer deutlicher, daß die entscheidende Tiefendimension der Wirklichkeit, in die er mit der Frage nach Freiheit, Sinn und Geborgenheit seines Lebens bezogen ist – nämlich die des (Hinter-)Grundes allen Seins – mit dem Wissen nicht (oder jedenfalls nur sehr unzulänglich) erreichbar ist, daß er also mit der letzten und entscheidenen Frage seines Daseins auf den Glauben angewiesen bleibt.
Deshalb ist es eine den Menschen in seiner Freiheit zentral bestimmende Aufgabe, das Verhältnis von Wissen und Glauben zu klären. Man kann ihr zu entsprechen suchen, indem man sich gewissermaßen von vornherein auf den Standpunkt eines religiösen Glaubens begibt

und fragt, wie mit ihm Wissenschaft vereinbar ist – also in einem theologischen Vorgehen. Oder aber man geht vom Bemühen um Wissenschaft aus und fragt, ob und wie von ihr her Glaube möglich ist – eine philosophische Methode. Im folgenden soll der letztere Weg versucht werden.

Dann aber erscheinen grundsätzlich drei verschiedene Bestimmungen des Verhältnisses von Wissen und Glauben möglich: eine negative, eine neutrale und eine positive.
Die erstere faßt Wissen und Glauben als Widerspruch auf, so daß Glaube unmöglich erscheint, wenn Wissen möglich ist. Glaube wird dann als ein die Freiheit des Wissensstrebens und der Wissenschaft unzulässig eingrenzender Machtspruch empfunden und abgelehnt.
Nach der zweiten stehen Wissen und Glaube beziehungslos nebeneinander, da sie sich auf völlig verschiedene Bereiche der Wirklichkeit beziehen sollen. Keiner von beiden beeinträchtigt dann den andern, und die Frage nach der Möglichkeit des Glaubens ist von der Wissenschaft her nicht entscheidbar.
Die dritte nimmt die Anstrengung der Wissenschaft als Grundlage des Glaubens und sieht in letzterem die über bloßes Wissen hinausführende Voll-endung der ersteren. Durch den Glauben geschieht dann eine Entgrenzung und Befreiung des Wissens in einen tieferen Wirklichkeitsbezug hinein, und Glaube erscheint so gerade vom Erkenntnisanliegen der Wissenschaft her möglich – allerdings nicht jeder x-beliebige Glaube, sondern nur ein solcher, der die Inhalte des Wissens zu einem tieferen Sinnverständnis aufschließt und sich damit auch vor dem Anspruch der Wissenschaft ausweist.
Diese drei denkbaren Antworten auf die Frage nach

dem Verhältnis von Wissen und Glauben seien noch an einem Beispiel konkret illustriert, bei dem Wissenschaft und Glaube in gleicher Weise angesprochen sind: an der Frage nach dem Ursprung der Dinge, des Lebens und des Menschen. Die Antwort der (Natur-)Wissenschaft lautet: Die höheren Formen des Lebens sind durch Evolution aus den niedrigeren hervorgegangen – also gewissermaßen durch Entwicklung »von unten nach oben«. Nach dem Glauben der Bibel (und mancher außerchristlicher Mythen) entstammt alles irdische Sein einer himmlischen Macht – einer göttlichen Schöpfung, deren Richtung sich gleichsam »von oben nach unten« spannt. Diese beiden richtungsgegensätzlichen Erklärungen schließen sich nun nach der erstgenannten der drei Alternativen aus: Nachdem durch Wissenschaft der evolutive Ursprung der Dinge feststeht, ist die Annahme einer Schöpfung überflüssig. Im Sinne der zweiten Alternative verhalten sie sich gegeneinander indifferent: Wissenschaftlich gesichert ist jedenfalls die Entwicklung der Arten; ob man darüber hinaus noch zusätzlich an eine göttliche Schöpfung glauben will, wird von der Wissenschaft her weder nahegelegt noch verboten. Nach der dritten Alternative erklärt der Entwicklungsgedanke den Ursprung nicht hinreichend; Schöpfung kann angenommen werden, sofern sie die Entwicklung tiefer verstehen läßt.
Es ist (im I. Hauptteil des Buches) zwischen den drei durch das Beispiel gemeinten grundsätzlichen Alternativbestimmungen des Verhältnisses von Wissen und Glauben eine Entscheidung anzubahnen, womit ein »anthropologischer Zugang zum Glauben« (im II. Hauptteil) sich öffnet. Bereits jetzt zeigt sich, daß nach der ersten – und auch noch nach der zweiten – Alternative eine Spaltung des Menschen in einen »Wis-

senden« und einen »Glaubenden« resultieren würde: Als der eine muß er den andern in sich unterdrücken oder wenigstens ignorieren. Allein die dritte Antwort könnte den menschlichen Lebensvollzug aus solcher »existentiellen Schizophrenie« zu einer ursprünglichen Ganzheit lösen; ist sie für den modernen Menschen möglich?

2. Grundstruktur der Wissenschaft

Wissen artikuliert sich in einem Gefüge von Aussagen über die Wirklichkeit. Soll diese aber nicht nur in ihrem faktischen Sein festgestellt, sondern in einem methodischen und logisch-systematischen Begründungszusammenhang erschlossen werden, so vervollkommnet sich Wissen zur Wissenschaft. Sie bestimmt sich somit als eine Anordnung von Aussagen, durch die etwas aus Gründen heraus erkannt wird.

Handelt es sich dabei um einzelne Teilbereiche der Wirklichkeit, etwa um die Natur oder den menschlichen Geist und sein Werk, so spricht man von Teil- oder Einzelwissenschaften, wie den Natur- oder Geisteswissenschaften. Zu ersteren zählen z. B. Physik, Chemie und Biologie, zu letzteren Soziologie, Geschichts- und Sprachwissenschaften. Sie alle haben nicht nur zu registrieren, wie ihre Gegenstände faktisch beschaffen sind, sondern sie in ihrem »Warum« zu erklären bzw. zu verstehen, also nach den Bedingungen und Gründen zu forschen.

Nun aber lassen sich Struktur und Funktion von Teilen nur dann angemessen verstehen, wenn ihr Ort und Sinn im Ganzen berücksichtigt wird. Dies gilt z. B. für die menschliche Hand in bezug auf den Gesamtorganismus und das Ganze des Menschen; es trifft aber auch für die Teilbereiche der Wirklichkeit zu, wie Natur und Geist, die in einem umfassenden Seins- und Wirkzusammenhang stehen, dessen Charakter und Sinn zu ergründen wäre. Somit sind die einzelnen Partialwissenschaften im Interesse ihres eigenen Erkenntnisanliegens einer

»Universalwissenschaft« zuzuordnen, deren Thema die Gesamtwirklichkeit, d. h. das Insgesamt alles Seienden und das »Sein überhaupt« darstellt.
Diese Wissenschaft vom Ganzen und Letzten – die Philosophie – ist von anderer Art als die Einzelwissenschaften. Sie erhebt in systematisch-methodischer Form das Grundwissen um das Sein und die Wirklichkeit, das in allem Einzelwissen um bestimmtes Seiendes – etwa Natur oder Geist – eingeschlossen und vorausgesetzt ist. Sie befaßt sich so mit den ersten Voraussetzungen aller anderen Wissenschaften und ist als Wissenschaft vom Ganzen und Letzten auch Wissenschaft vom Ersten und Grundlegendsten.
Dies läßt sich z. B. an der genannten Frage nach dem dynamischen Charakter der Welt und dem Ursprung der Seinsarten konkretisieren. Die Naturwissenschaften sagen aus, daß die Welt einen Entwicklungsprozeß darstellt, wobei dem menschlichen Bewußtsein Formen eines unbewußten Lebens und den höheren und komplexeren jeweils niedrigere und einfachere zeitlich und strukturell vorausgehen; das Höhere baut sich aus dem schon vorher gebildeten Niedrigeren auf. Das Niedrigere ist somit nicht nur notwendige Voraussetzung für das Höhere, sondern es sind auch die Bedingungen und Kausalfaktoren zu ermitteln, unter denen nach ersterem letzteres notwendig entsteht; d. h. die zeitliche Aufeinanderfolge wird als kausale Auseinanderfolge – als ein auseinander Hervorgehen und durcheinander Bewirktwerden – naturwissenschaftlich erklärt. Ähnlich analysieren die Geisteswissenschaften die Dimensionen des Kulturprozesses, wie die Strukturen der Gesellschaft, der Sprache, der Kunst und der Wissenschaften, in ihren Bedingungen und Faktoren.
Die entscheidende Frage, die dabei die einzelwissen-

schaftliche Forschung vorantreibt, lautet: Woran liegt diese oder jene Erscheinung, woher kommt und warum ist sie? Ohne diese Frage als sinnvoll vorauszusetzen, wäre einzelwissenschaftliche Forschung überhaupt nicht möglich. D. h.: Voraussetzung bei allen Einzelwissenschaften ist die Einsicht, daß alles, was entsteht, nicht aus nichts herkommen kann, sondern nur von etwas schon Seiendem – einem »Grund«, der es bewirkt. Diese Einsicht in den »Satz vom Grunde« ist also nicht erst Ergebnis einzelwissenschaftlicher Forschung, sondern wird in jedem ihrer Schritte – eben in jeder »Warum-Frage« – schon unausdrücklich mitvollzogen und vorausgesetzt. Sie herauszuheben, direkt zu thematisieren und ausdrücklich – ex-plizit – zu vollziehen und zu durchleuchten, ist Aufgabe der Philosophie; diese ist damit als Grundwissenschaft aller Einzelwissenschaften angefordert, indem sie die erste Bedingung aller wissenschaftlichen Erkenntnis und des wissenschaftlichen Charakters der Einzelwissenschaften bewußt zu machen und einzusehen hat.
Gegenstand dieser philosophischen Einsicht ist also nicht dieses oder jenes Seiende (wie bei den einzelnen Wissenschaften), sondern grundsätzlich und universell alles, sofern es entsteht. Würde es aus nichts herkommen, so rührte es von dort her, wo es gar nicht ist – was offenbar unmöglich ist. Selbst mit dem eventuellen Einwand, eine solche Aussage sei »nur« durch unsere Sprachform oder eine Denkgewohnheit bedingt, vollzieht man bereits wieder die Frage nach den »Bedingungen von etwas« und damit die genannte Einsicht in deren Berechtigung.

Die in der Warum-Frage lebendige grundlegende philosophische Einsicht in die allgemeine Natur des Seins erzeugt somit die Einzelwissenschaften, die nach den Gründen für die Erscheinungen in den einzelnen Seinsbereichen forschen; sie führt aber auch wieder über sie hinaus. Denn die Einzelwissenschaften selbst geben auf die Warum-Frage keine hinreichende Antwort.

In der Kausalkette der Evolution des Lebens hängt jedes Individuum von seinen Eltern ab, diese leiten sich wiederum von ihren Vorfahren her usw. zurück bis auf vor-menschliche und noch weiter vor-tierische Lebewesen. Die Naturwissenschaften suchen für diesen Prozeß solche Gründe zu bestimmen, die prinzipiell dem Erfahrungsbereich angehören und mit seinen Gegebenheiten sich bewahrheiten oder widerlegen bzw. »konstruieren« oder »re-konstruieren« lassen; denn sie sind in ihrer Fragestellung, Blickrichtung und Methode durch den Erfahrungsbereich, dem sie jeweils zugeordnet sind, spezifiziert. So werden Eigenschaften eines Menschen aus ähnlichen seiner Vorfahren »erbanalytisch« erklärt oder heutige Arten des Lebens aus längst vergangenen. Jeder Mensch besitzt jedoch nicht nur eine biologische Beziehung zu seinen Vorfahren, sondern ist auch etwas Neues und Einmaliges, das nicht auf sie zurückgeführt werden kann; »ich« bin nicht lediglich eine Summe oder Konfiguration der »Iche« meiner Eltern, sondern ein ihnen gegenüber anderes und neues Seiendes. *Insofern* bin ich also nicht schon mit ihnen gegeben und daher auch nicht vollständig aus ihnen herzuleiten. Dieser andere und tiefere Ursprungsaspekt entzieht sich den Einzelwissenschaften.

Ganz allgemein und grundsätzlich läßt sich sagen: Überall, wo ein neuer Seinsgehalt auftritt (der vorher zwar möglich, aber noch nicht wirklich war), ist er nicht hinreichend aus dem vorangehenden zu erklären –

wenn Sein nur von dorther kommen kann, wo es irgendwie schon ist. Dies trifft für jedes Individuum zu und für jede in der Evolution neu entstehende Art: das geistige Bewußtsein, das tierische und das pflanzliche Leben. Ja, im Grunde ist jeder Atemzug und jeder Augenblick etwas Neues, das vorher noch nicht da war.

Wenn aber Personen, geistiges Bewußtsein, Leben überhaupt und im Grunde alles Sein fortwährend in der Welt – also in die Welt hinein – entstehen: So ist ein von der Welt verschiedener Seinsgrund anzunehmen, aus dem all dieses hervorgeht und in dem es folglich in vor-weltlicher – und d. h.: vor-räumlicher und vor-zeitlicher – Weise vorausenthalten ist. Sofern die Ausbreitung in Raum und Zeit eine Vielfalt der Formen und Individuen bedingt, bedeutet ein dem Raum und der Zeit voraus- und zugrunde liegendes Sein eine durch die Begrenzung von Raum und Zeit nicht betroffene Fülle in einfacher ungeteilter Einheit. Als entfernter Vergleich bietet sich das durch ein Prisma strömende Licht an: Der gesamte positive Gehalt des in die Vielfalt der Farben auseinandergefächerten Lichtes ist vorgängig zum Prisma im reinen Weiß eins.

Zusammenfassend: Wenn entstehendes Sein nicht aus nichts kommt und die Welt in jedem ihrer Glieder fortgesetzt entsteht – also als Ganzes ein dynamisches, im Entstehen begriffenes Sein bedeutet–, so entsteht sie als Ganzes nicht aus nichts, sondern fortwährend aus einem Ursprung.

In der Sprache eines »formalen Dreisatzes«: 1. Jedes entstehende Seiende setzt ein von ihm verschiedenes Seiendes voraus (= »Satz vom Grund«). 2. Nun aber ist das Insgesamt alles entstehenden Seienden (= der Zusammenhang der Raum-

Zeit-Welt) selbst auch ein entstehendes (= in all seinen Gliedern fortwährend im Werden und Vergehen befindliches) Seiendes. 3. Also setzt gerade auch dieses Insgesamt ein von ihm (d. h. von allem Zeithaften) verschiedenes (= »ewiges«) Seiendes voraus.

Gegen den 2. Satz könnte man im Blick auf die sogenannten »Paradoxien der Mengenlehre« einwenden: Ebensowenig wie sich ein Koffer denken läßt, der die Gesamtheit aller Koffer enthält – er müßte dann auch sich selbst enthalten –, ist ein entstehendes Seiendes möglich, das alle umfaßt; das Insgesamt des Entstehenden ist selbst nicht als Entstehendes zu bezeichnen (weshalb der »Satz vom Grund« auf es nicht anwendbar ist). Dieser Einwand löst sich, wenn man präzise formuliert, daß die Welt als entstehendes Seiendes das Insgesamt des Entstehenden nicht (wie etwas von ihr Verschiedenes) *enthält*, sondern (in Identität) *ist*.

Daraus folgt auch: Selbst dann, wenn sich beweisen ließe, daß jenes Insgesamt unendlich groß – die innerweltliche Kausalkette unendlich lang – sein kann, bedarf das Ganze eines Grundes, der von ihm verschieden ist. Dieser (wie auch sein Grund-sein) ist grund-legend verschieden von der Art jedes innerweltlichen Begründungszusammenhangs und daher weder als dessen »erstes Glied« noch als wiederum durch ein anderes begründet zu verstehen, sondern ist die un-bedingte Bedingung von allem.

Damit aber tritt eine Grund-Struktur der Wissenschaft hervor, in der die Philosophie und die Einzelwissenschaften in einem doppelten Richtungssinn aufeinander bezogen sind. Das einfache und noch nicht ausdrückliche Anfangswissen des Menschen um die Wirklichkeit und um ihr Begründetsein, das sich in einer allgemeinen philosophischen Einsicht ausdrücklich formulieren und reflektieren läßt, erzeugt eine Vielfalt von Einzelwissenschaften, die in den Teil-Bereichen der Wirklichkeit die Grund-Frage differenziert zu realisieren suchen; indem jedoch – in einer übergreifenden philosophischen Reflexion – zu Bewußtsein gelangt, daß sie die Frage dabei nur teil-weise zu beantworten vermögen, trägt das methodisch-systematische Denken über sie hinaus zu einer all-umfassenden Seinsbegründung. Der Philosophie kommt so die Aufgabe einer Grund- und Zielwissenschaft der Einzelwissenschaften zu: Aus ihr entfalten sich – genetisch und strukturell – die Einzelwissenschaften, und in sie münden sie zurück. Man kann in diesem Sinne nicht nur von einer Struktur der Wissenschaften (im Plural), sondern treffender noch der Wissenschaft (im Singular) sprechen, da alle an der einen »Grund-Frage« teilhaben und so durch ihre je verschiedene Teilhabe an der Philosophie – die von ihnen selbst nicht thematisiert wird – zusammenhängen. Hierbei wandelt sich der Wissenschaftsbegriff zwischen Philosophie und Einzelwissenschaften und diesen unter sich jeweils »ana-log« ab; »Wissenschaft im ganzen« stellt sich als eine dynamische »Viel-Einheit« dar.

Damit ist den Methoden und Ergebnissen der Teil-Wissenschaften eine Einordnung und Sinnerhellung im Horizont des Ganzen und Letzten erschlossen – eine prinzipielle Möglichkeit, die allerdings wegen der Verhaftung des derzeitigen Wissenschaftsverständnisses im rein Empirischen und Vorder-gründigen kaum wahrgenommen wird: Unsere individualistische und liberalistische Gesellschaftsstruktur, die die »Freiheit« des einzelnen und der Teile und ihre »Empirie« und »Selbsterfahrung« vergötzt, sträubt sich gegen jede Art von Einordnung in ein übergreifendes Ganzes und Zuordnung zu einem alles übersteigenden Letzten und kultiviert entsprechend einen bewußt empiristischen Wissenschaftsbegriff, der sich auf das rein Empirische beschränkt. Demgegenüber reduziert die sozialistische Gesellschaftsstruktur den Einzelmenschen wie die Teile der Wirklichkeit auf ihren Zusammenhang in und mit dem Ganzen (= »totum«) und drückt diesen ihren »totalitären« Charakter in einem Wissenschaftsbegriff aus, der alle und alles aus einem vor-gefaßten Ganzen und Letzten zu deduzieren und in Griff zu nehmen sucht – und so ebenfalls im Vorder-gründigen versperrt bleibt, da dieses Letzte sich im wissenschaftlichen Denken eben nur anzielen und höchstens im Glauben tiefer erfassen läßt.

So ist das wissenschaftliche Bewußtsein auch Ausdruck und vermittelndes Medium des gesellschaftlichen Seins des Menschen und daher durch eine Kritik und Vertiefung des ersteren auch eine Verbesserung des letzteren zu erwarten: Eine Lösung aus der Verspannung ins Vordergründige, worin sich die Gesellschaftssysteme und Wissenschaftsbegriffe anti-thetisch bedrohen, und ihre Auf-hebung in eine höhere Syn-these, bei der sie sich dem letzten »Grund hinter der Welt« im Glauben öffnen und so ihre Wirklichkeit »von Grund auf« anerkennen. Ist ein solcher Glaube, der das ganze individuelle, soziale und kosmische Sein und Bewußtsein des Menschen erfassen und verändern muß, von der in ihrer anthropologischen Anlage und erkenntnistheoretischen Bedeutung aufgewiesenen Grundstruktur der Wissenschaft her möglich?

3. Möglichkeit des Glaubens

Die die Wissenschaft bestimmende und strukturierende Frage nach dem Grund gipfelt im Anzielen eines all-umfassenden Seinsursprungs. Dieser ist weder als Materie noch als ein Gegensatz (oder gar Widerspruch) zu ihr zu benennen. Denn indem das gesamte dynamische, in fortgesetztem Entstehen begriffene materielle Sein aus ihm entspringt, ist es in ihm vorausenthalten: in vor-zeitlicher und darum vor-materieller (»übermaterieller«) Weise und seiner ganzen positiven Mächtigkeit nach. Ebenso alles Leben und Bewußtsein und das »Ich« einer jeden begrenzten in der Zeit entstehenden Person: der un-begrenzte Grund ist »Ich« – unbegrenzt. (Präzise: nicht »ein Ich«, sondern »ich«; ich bin ja wesenhaft nur in unbegrenztem Maße ich selbst – mein Grund aber ist in unbegrenzter Weise ich selbst und so von der Weise, wie ich ich selbst bin, wesentlich verschieden.)

Ich kann zu mir kommen und mich finden, aber auch mich verfehlen und mich mir entfremden; doch beides ist nur begrenzt möglich und die Begrenztheit meiner Identität ist nicht grundsätzlich aufzuheben. Ich bin stets nur begrenzt bei mir und ich selbst, d. h. ein wesentlich begrenztes Ich. Deshalb bin ich von meinem Grund als meinem unbegrenzten Ich wesentlich und notwendig real verschieden – wie ein Abbild von seinem Urbild. Ich stehe in ek-in-sistentieller Bezogenheit auf ihn zu und ihm gegenüber – als meinem »eigenen« oder »eigen-lichen« Du!

Dieser Grund läßt sich »Gott« nennen. Denn nach Aussage der vergleichenden Religionswissenschaft wird bei den Religionen (in verschiedener Form und Ausdrücklichkeit) unter »Gott« eine unbedingte und der Raum-Zeit-Welt überlegene Persönlichkeit verstanden. Dabei übersteigt, wie deutlich wird, das wissenschaftlich-systematische Denken seine Gegenständlichkeit und somit sich selbst: Einerseits sind alles Materielle und Ich und Du in »Gott« vorausenthalten – und weisen so durch eine positive Ähnlichkeit auf ihn hin. Andererseits sind sie nur begrenzt und er übersteigt sie daher unbegrenzt – die Ähnlichkeit ist begrenzt durch eine noch größere Unähnlichkeit. Die »Ana-logie« hat beide Aspekte. In ihr artikuliert sich letztlich die angemessene Struktur der Onto-logie als der Wissenschaft vom Seienden (»On«) als überhaupt Seienden. Der onto-logische wissenschaftliche Charakter von Kosmo-logie und Anthropo-logie wandelt und übersteigt sich dergestalt auf dem Wege der Grund-Frage ana-logisch in Onto-theo-logie.
Diese Art des Erkennens ist der Empirie, der Erfassung der Erfahrungsgegebenheiten nicht entgegengesetzt, wie sich zeigt, sondern Wissenschaft geht, wenn sie mit der Grund-Frage, die ihr Wesen ausmacht, ganz ernst macht, in sie über. Sie enthält die Wissenschaft insgesamt und übersteigt sie gemäß der Ana-logie: ähnlich wie, um den obigen Vergleich nochmals zu zitieren, die dem Prisma entströmende Farbenfülle in dem vorgängigen reinen Lichtweiß in höherer und ungeteilter Intensität eins ist. (Eine wesentliche Grenze dieses bildlichen Vergleichs liegt allerdings u. a. darin, daß wohl die gesamte Lichtfülle des Weiß in den Farben, nicht aber die gesamte Seinsfülle Gottes in den Dingen sich ausdrücken kann, da das Unbegrenzte das Begrenzte un-begrenzt übersteigt.)

Das relative zeitliche Sein und Leben wird also immer schon un-ausdrücklich auf das absolute und ewige hindurchverstanden. Vom ersteren kann Sein, Leben, Wahrheit, Schönheit und Liebe mit nur begrenztem Recht, vom letzteren aber mit unbegrenzter Wahrheit ausgesagt werden. Damit ist positiv miterkannt, daß bei aller Erkenntnis eine Seinstiefe berührt wird, die in das Erkennen zwar eingeht – im Sinne der Analogie –, aber zugleich mehr noch über es hinausgeht, in ihrem Grunde die Wirklichkeit also mehr ist, als wir von ihr mit unserem immer nur begrenzt möglichen Verständnis und Verstande zu er-fassen vermögen. In unseren Begriffen ergreifen wir sie, doch mehr noch ergreift in ihnen sie uns und »zieht« uns aus uns heraus und in sich hinein. Dies eröffnet nun die Möglichkeit des Glaubens.

Die Struktur des Zusammenhangs verdeutlicht sich im Sinn-bild menschlicher Begegnung. An der körperlichen Erscheinung, Mimik und Gestik eines Menschen kann sich sein seelisch-geistiger Charakter spiegeln. Das Innere kommt im Äußeren aber nur anfänglich und unvollkommen zum Ausdruck, bleibt undeutlich und verschieden deutbar und daher der Auf-klärung durch das Wort und die Selbst-erklärung des andern fähig und bedürftig. Sofern ich dessen Aussagen über sich selbst nicht zu überprüfen vermag, *muß* ich sie glauben; ich *kann* sie aber auch sinnvoll glauben, sofern sie mir die Charakterzüge nun besser verständlich machen, die sich bis dahin dem Verständnis mehr verborgen als enthüllt hatten.

Ähnlich deutet sich bei der zeitlichen und begrenzten Lebendigkeit, Schönheit und Positivität der kosmischen Natur und geistigen Kultur in Persönlichkeit und Gemeinschaft das Göttliche eben nur an und disponiert uns so zum Auf-hören auf ein mögliches Wort, in dem der göttliche Grund sich über alles hinaus erschließt und aussagt und so jene Selbstandeutung in der Welt vereindeutigt und übertrifft. Und während unsere Erkenntnis und Freiheit vorher im relativ Dunklen und Ungewissen, zwischen den verschiedenen Deutungsmöglichkeiten verspannt und beengt war, löst sie sich nun in einer tieferen Gewißheit und Geborgenheit des Glaubens. Glaube wird daher insoweit vom Wissen her möglich, als er das im Wissen *schon* anfänglich – aber auch: *erst* anfänglich – Erfaßte und Erfaßbare weiter aufhellt und so tiefer – d. h. über die Wißbarkeitsgrenze hinaus – in es hineinführt.

Damit entscheidet sich die oben (I, 1) entwickelte dreifache Alternativmöglichkeit in der Bestimmung des Verhältnisses von Wissen und Glauben zugunsten des dritten Gliedes: Wenn das Wissen seiner Intention nach »Gründ-lichkeit« schlicht folgt, verhält es sich zum Glauben weder negativ-ausschließend noch neutral-indifferent, sondern positiv-offen und ergänzungsbedürftig. Am Evolutionsverständnis der Natur (und Geschichtsverständnis der Kultur) exemplifiziert: Mit der natur-(bzw. geistes-)wissenschaftlichen Begründung eines Ereignisses in einem anderen und vorhergehenden ist weder das Neue und Einmalige des jeweils neuen noch das Ganze begründet. Abschluß oder Indifferenz gegen eine darüber hinausgehende, allein hinreichende Begründungsmöglichkeit bedeutete einen Widerspruch gegen das Erfordernis der Begründung der Wirklichkeit, aus dem die einzelwissenschaftlichen partiellen Begründungssetzungen sich ja selbst erst rechtfertigen. Nun aber weist der Versuch einer philosophischen Letztbegründung ins Unbegrenzte, das von der begrenzten menschlichen Vernunft immer nur begrenzt, d. h. nicht adäquat zu erfassen ist; diese ist daher aus ihrem Wesen heraus offen für eine noch tiefere, über alles mögliche Wissen hinausgehende Selbsterschließung des Totalgrundes, die nur in einem ek-sistentiellen Glauben anzueignen wäre. Eine solche wird aber im Schöpfungsgedanken angeboten: Während im evolutiv-geschichtlichen Begründungszusammenhang innerhalb der Welt ein Glied aus dem andern hervorgeht, entspringt das Sein des jeweils Neuen wie des Ganzen gleichzeitig nicht aus nichts, sondern aus der Freiheit und Macht einer zugrunde liegenden göttlichen Wirklichkeit. (»Schöpfung aus nichts« besagt nicht, daß die Welt »aus nichts herkommt«, sondern vielmehr mit ihrem ganzen Seinsbestand ausschließlich von Gott, dieser somit nicht »aus einem ihm schon vorgegebenen Material« schafft.) So verstandener »Schöpfungsglaube« macht also das »Evolutionswissen« erst »grundlegend« verständlich – wie umgekehrt dieses durch jenen in eine dem Wissen gerecht werdende Form gebracht wird: Schöpfung ereignet sich fort-gesetzt in der Form der Evolution und Geschichte (als deren Hinter-grund).

Die nähere Ausgestaltung und Akzentuierung eines solchen Glaubens, der sich vom Wissen her nahelegt, ist dabei noch durchaus offen und wohl immer auch im Zusammenhang der Bedingungen sowohl der Individualität als auch der Gesellschaftsstruktur zu sehen – von denen ja ebenso auch das Wissen betroffen ist. Im liberalistisch-individualistischen und pluralistischen Gesellschaftssystem, das im Westen vorherrscht, neigt man zu einer Liberalisierung und Individualisierung des Glaubens und scharfen Trennung von Wissen und Glauben (bis zum Abschluß des einen gegen den an-

dern, d. h. zu einem den Glauben ausschließenden oder zumindest neutralisierenden Wissensbegriff und einem wissenschaftsfeindlichen, »irrationalen Begriff« von Glauben). Umgekehrt neigt das im Osten vorherrschende Gesellschaftssystem, das immer schon monistisch akzentuiert war und heute bewußt kollektivistisch-sozialistisch sein will, zu einer ebenso einseitigen Überbetonung der Einheit oder gar einer Identifizierung des Glaubens aller bzw. des Wissens und des Glaubens: Im Buddhismus wird das menschliche mit dem göttlichen Ich (= »Selbst«) identifiziert (und dabei die trennende Materie für nicht seiend erklärt); entsprechend wird der Glaube nur als höheres »Wissen« betrachtet – und im heutigen Sozialismus ist das gesamte »Wissen« getragen von einem reinen Glaubensengagement (= »Ideologie«).
Bedeutete demgegenüber der christliche Glaube, wenn mit ihm ernst gemacht würde, eine Synthese und Aufhebung dieser Gegensätze: d. h. eine Vereinigung ihrer jeweiligen positiven Zugänge zur Wirklichkeit, eine Überwindung ihrer beiderseitigen Einseitigkeiten und ihre Hinaufhebung zu einer Partnerschaft, in der sowohl die Individualität der Personen und die Unterschiede von Wissen und Glauben als auch ihre Zusammengehörigkeit und Einheit angemessen zu verwirklichen sind?

Anhang
Der wissenschaftstheoretische Empirismus

Wissenschaftstheorie – als Teilgebiet der Erkenntnistheorie – stellt die Frage nach Beschaffenheit und Aufgabe, Methodik und Reichweite von Wissenschaft. Mit dem Aufkommen der technischen Industrie in der Neuzeit – und besonders unter den Bedingungen der westlichen liberalistischen und individualistischen Gesellschaft – hat sich nun ein Begriff von Wissenschaft entwickelt, nach dem ihr Sinn sich darin erschöpft, die Inhalte der all-gemeinen sinnlichen Erfahrung (= »Empirie«) zu beschreiben, in eine logisch-systematische Ordnung zu bringen und dadurch »geistig zu beherrschen«. Die Frage nach einem die beherrschbare Erfahrung übersteigenden Wesen und Grund der Dinge wird von »exakter Wissenschaft« ausgeschlossen. Denn nur so dient sie dem Fortschritt der (industriellen) Kultur, der darin besteht, die Wirklichkeit technisch in Griff zu nehmen und den materiellen menschlichen Bedürfnissen entsprechend umzugestalten; hierin allein liegt ihr »positiver Wert«. Mit dieser Wertbegründung avanciert der »Empirismus« zum sogenannten »Positivismus«.

Seine klassische Gestalt geht auf *Auguste Comte* (19. Jh.) zurück (2). Dieser gliedert den kulturellen

(2) Vgl. einige Hauptwerke: Cours de philosophie positive, 6 Bde., Paris 1830 bis 1842. Dt. Bd. 4 bis 6 u. d. T.: Soziologie. Hrsg. v. *Valentin Dorn*, Jena [2]1923. – Discours sur l'esprit positif, Paris 1844. Dt.: Abhandlung über den Geist des Positivismus, Leipzig 1915 und hrsg. v. *Iring Fetscher*, Hamburg 1956.

Fortschritt nach einem »Drei-Stadien-Gesetz«, worin jeweils die Verfassung und Struktur des gesellschaftlichen Seins und des wissenschaftlichen Bewußtseins der Menschheit einander entsprechen.

In der »mythischen und religiösen Phase« seiner geschichtlichen Entwicklung führte der Mensch die Natur- und Schicksalsereignisse auf übersinnliche göttliche Mächte zurück, zu denen er um »Heilsfügungen«, z. B. um eine gute Ernte oder die Abwendung von Unglück und Not, betete; in solchem Bewußtsein vollzog sich nichts anderes als die Verlängerung und Projektion der »absoluten« Macht der Herrschenden in der Gesellschaft ins Kosmische und Über-mächtige.

In der zweiten, der »metaphysischen« Phase seiner Entwicklung machte der Mensch für das Gefüge und den Prozeß der Welt unpersönliche Seins- und Werdeprinzipien verantwortlich, wie »Stoff« und »Form«, mittels derer der Kosmos als »geformter Stoff« begriffen wurde; darin spiegelte sich eine Stufe der Gesellschaft, in der durch abstrakte juristische Gesetze Recht und Ordnung hergestellt und erhalten werden sollten.

Erst in seinem letzten und höchsten Entwicklungsstadium, dem »wissenschaftlichen«, erkennt der Mensch alle Ereignisse in Natur und Geschichte als Ausdruck von innerweltlichen Kausalgesetzen, die er nun schrittweise wissenschaftlich erforscht, technisch in Griff nimmt und anwendet und so seinen kulturellen Fortschritt gezielt gestaltet; dieses Wirklichkeitsverständnis entspricht der neuzeitlichen technisch-industriellen Leistungs- und Konsumgesellschaft.

Der klassische Positivismus geriet jedoch bald vor ein Problem, das er mit dem empiristischen Wissenschaftsbegriff allein, der nur die (allgemein verfügbare) Erfahrung als Erkenntnisquelle anerkennt, nicht mehr lösen konnte. Denn weder der postulierte universelle Kausalzusammenhang noch irgendein spezielles Naturgesetz läßt sich durch bloße Erfahrung begründen, da diese niemals alle Einzelereignisse bietet, von denen das Gesetz gelten soll – schon gar nicht die zukünftigen, die durch das Gesetz vorausgesagt und durch seine technische Anwendung beherrscht werden sollen. Diese »wissenschaftstheoretische Krise« suchte der Positivismus nun zu meistern mittels der von *Immanuel Kant* getroffenen Unterscheidung zwischen dem chaotischen »Stoff der Sinnesempfindungen«, die im menschlichen Bewußtsein von den Dingen verursacht werden, und den »allgemeinen vernünftigen Formen der Erkenntnis«, die im Menschen von vornherein bereitliegen, wie etwa die Denkform der Kausalität und alle logischen Gesetze. Mit ihnen durchformt, ordnet und beherrscht er alle Eindrücke von der Wirklichkeit und gelangt so zu streng allgemeingültigen Aussagen über alles je Erfahrbare; ob sie über unser Bewußtsein hinaus auch auf das Sein selbst zutreffen, läßt sich allerdings nicht sagen.

Damit wandelt sich der Positivismus zum Neo-Positivismus. Einer seiner ersten maßgeblichen Vertreter ist *Ludwig Wittgenstein* (1. Hälfte 20. Jh.) (3). Er übernimmt das Kantische Grundschema, jedoch wird das Material der sinnlichen Erfahrung anstelle von allgemeinen und unveränderlichen Denkformen der

(3) Vgl. vor allem: Tractatus Logico-philosophicus (Logisch-philosophische Abhandlung) (1921), und: Philosophische Untersuchungen (1953), in: Schriften, Bd. I, Frankfurt ²1969; ferner: Philosophische Bemerkungen. Hrsg. v. *Rush Rhees* (= Schriften, Bd. II), Frankfurt ²1970.

Menschheit nun von der Logik der geschichtlichen Sprache erfaßt und geordnet, die Ausdruck der sich wandelnden Form der Gesellschaft ist (»Sprach-logischer Empirismus«).

Einen Schritt weiter geht *Karl Popper* (Mitte und 2. Hälfte 20. Jh.) (4). Auch er läßt als wissenschaftlich sinnvoll nur solche Aussagen gelten, die grundsätzlich durch sinnliche Erfahrung überprüfbar sind. Allgemeine Sätze – wie z. B.: »Alle Schwäne sind weiß« – lassen sich jedoch nicht durch Übereinstimmung mit der Erfahrung »verifizieren«, da niemals alle ihre Gegenstände in der Erfahrung gegeben sein können; von ihnen ist lediglich zu fordern, daß sie bislang nicht durch Hinweis auf widersprechende Erfahrungstatsachen – hier: nicht-weiße Schwäne – »falsifiziert« wurden. Aussagen aber, die sich durch Hinweise auf die allgemein verfügbare sinnliche Erfahrung grundsätzlich weder verifizieren noch falsifizieren lassen – wie etwa über einen allumfassenden transzendenten Seinsgrund –, scheiden aus dem Umkreis wissenschaftlich sinnvoller Sätze aus. Sie sind Ausdruck einer gesellschaftlichen Rationalität, die auf Bemächtigung anderer bzw. der »Allgemeinheit« abzielt und daher zu kritisieren ist (Poppers Position will ein »Kritischer Rationalismus« sein). Die Forderung nach Überprüfung jeder Aussage an den Erfahrungstatsachen hingegen anerkennt einen absoluten Vorrang des einzelnen und

(4) Vgl. Logik der Forschung. Zur Erkenntnistheorie der modernen Naturwissenschaft, Wien 1935, Tübingen [5]1973. – The Open Society and Its Enemies, 2 vol., London 1945, [10]1973; dt.: Die offene Gesellschaft und ihre Feinde, 2 Bde., Bern–München 1958, [4]1975. – Objective Knowledge. An Evolutionary Approach, Oxford 1972, [4]1975; dt.: Objektive Erkenntnis. Ein evolutionärer Entwurf, Hamburg 1973, [3]1975.

repräsentiert so eine »humane Gesellschaftsordnung« (Liberalistisch-individualistischer Pluralismus).
Nach *Niklas Luhmann* (2. Hälfte 20. Jh.) besteht der Sinn von Erkenntnis und Sprache allein darin, die Mannigfaltigkeit der Erfahrungsinhalte so auf eine Einheit hinzuordnen, daß die Erhaltung (bzw. Entwicklung) der Gesellschaft gewährleistet wird; die Gesellschaft ist ein »dynamisches System«, »Sinn« nichts anderes als dessen Selbsterhaltungsfunktion. Religion ist solange »sinnvoll«, als sie durch ihre Verhaltensnormen der Erhaltung der Gesellschaft dient (»Funktionalistische Systemtheorie«) (5).

Alle empiristisch-positivistischen Theorien kommen also darin überein, die sinnliche Erfahrung (Empirie) als die einzige Erkenntnisquelle anzusehen; eine Aussage gilt nur dann als wissenschaftlich sinnvoll, wenn sie sich als Ausdruck der sinnlichen Wahrnehmung erweist. Dieser »Ausdruck« erfolgt in einer Logik und Sprache, durch die die Erfahrung er-faßt und im Dienste der »Menschheit« oder »Gesellschaft« »sinnvoll« geordnet, d. h. be-grifflich beherrscht wird. Nachdem der vernünftige Sinn (bzw. die »Logik«) des Denkens und der Sprache sich in dieser Bemächtigungsfunktion erschöpft, bedeutet die Frage nach einem transempirischen Seinsgrund einen sinnwidrigen Mißbrauch des (wissenschaftlichen) Denkens.
Eine Teil-Wahrheit wird man diesen Theorien kaum

(5) Vgl. Soziologische Aufklärung, Köln–Opladen. Bd. 1: Aufsätze zur Theorie sozialer Systeme, 1970, [4]1974. Bd. 2: Aufsätze zur Theorie der Gesellschaft, 1975. – Religion als System. Thesen, in: *Karl Wilhelm Dahm – Niklas Luhmann – Dieter Stoodt (Hrsg.),* Religion – System und Sozialisation, Darmstadt–Neuwied 1972, S. 11 bis 132.

absprechen können. Insbesondere formulieren sie die Verfassung und Intention der neuzeitlichen Wissenschaften, die der technischen Unterwerfung und Verfügbarmachung der Wirklichkeit dienen sollen. Sie stehen in der Tradition der dualistischen Anthropologie des abendländischen Westens, wonach die materielle sinnliche Natur und das ideelle geistige Bewußtsein einander im Menschen feindlich gegenüberstehen und sich das letztere die erstere unterwerfen zu müssen glaubt. Allein es fragt sich, ob damit der dem Denken und der Sprache innewohnende Sinn angemessen dargestellt wird.

Er besteht grundlegend darin, die Wirklichkeit selbst zu denken und auszusagen (sie »zur Sprache zu bringen«). Dieser Ur-Sinn des Denkens und der Sprache wird auch – unreflektiert – von besagten Wissenschaftstheorien vorausgesetzt, da sie ja aussagen wollen, was und wie die Wirklichkeit ist, d. h. was »Wissenschaft« in Wirklichkeit ist und worin ihr wirklicher Sinn liegt. Sie nehmen für sich selbst in Anspruch, keine bloßen (z. B. gesellschaftlich bedingten) Bemächtigungsformen empirischer Gegebenheiten, sondern der Wirklichkeit abgelauscht zu sein – und sägen damit den Ast ab, auf dem sie selbst sitzen. Die letzte Ironie liegt darin, daß allein sie selbst tatsächlich Ausdruck einer geschichtlich bedingten Verfassung des Menschen und der Gesellschaft sind.

Im einzelnen wäre gegenüber *Comte* zu fragen, ob die wissenschaftstechnische Bemächtigung und Beherrschung der sogenannten »Erfahrungstatsachen« dem kulturellen Fortschritt wirklich dient, wenn allein die sinnliche Erfahrung als Inhalt der Erkenntnis anerkannt wird: Denn erfahrungsgemäß sind die faktischen Auffassungen über den Wert des Menschen verschieden

– die einen halten ihn für ein bloßes materielles Objekt und Mittel zu beliebigen Zwecken, andere für »etwas Höheres« – und so kann der Sinn von Kultur, dem Wissenschaft dienen soll, auf jener Basis überhaupt nicht eindeutig bestimmt werden. Wie ließen sich z. B. die Massenhinschlachtungen in Konzentrationslagern durch das nationalsozialistische Regime als »kultureller Rückschritt« verurteilen, wenn der Lebenswille jener Menschen, nur in seiner empirischen Faktizität, nicht aber inneren Legitimität erkennbar wäre? Ähnlich der Geschichtswissenschaft hätte z. B. auch die Psychologie lediglich »Fakten« »wertfrei« zu registrieren, als etwa nur von Schuldgefühlen, nicht aber gefühlter wirklicher Schuld zu sprechen, da letztere als ein Mißverhältnis des Menschen zu seiner Lebensaufgabe und zum absoluten Sinn und Grund sich einer rein empirischen Begrifflichkeit entzieht.
Auch gegenüber *Kant* und *Wittgenstein* ist zu sehen, daß selbst die behauptete Beherrschung von sinnlicher Erfahrung durch eine Anthropo-sozio-Logik (und der zugrunde liegende anthropologische Dualismus) nur in einer Sprache ausgesagt werden kann, die die Wirklichkeit nicht beherrscht und unterwirft, sondern vernimmt und ausdrückt, wie sie in sich ist – und die deshalb an noch ganz anderen Sinnkriterien zu messen ist.
Zu *Popper* erhebt sich der Einwand: Die entscheidende Behauptung einer absoluten (wissenschaftstheoretischen und soziologischen) Priorität des einzelnen entzieht sich grundsätzlich jeder Verifizierung und Falsifizierung durch *bloße* sinnliche Erfahrung. Sollte sie in seiner partizipierenden Herkunft von einem absoluten göttlichen Sein gründen (»Unantastbarkeit der Würde« des Individuums), oder aber – als Allgemeinaussage –

gar selbst einen ideologischen Bemächtigungsanspruch (der »starken« Individuen über die »schwächeren«) ausdrücken?
Luhmann setzt für seine eigene These offenbar voraus, sie gewinne nicht erst von daher Sinn, daß sie gesellschaftliche Systeme stabilisiert; denn sie will ja – als Urteil über sämtliche Aussagen und Systeme – ihnen allen bemessend gegenüberstehen.
Es zeigt sich, daß die empiristisch-positivistischen Positionen, sofern sie einen Ausschließlichkeitsanspruch erheben, nur unter der unbedachten Voraussetzung ihrer Unwahrheit möglich sind; wie bei allen relativistischen und skeptizistischen Thesen hebt die Form ihrer Behauptung ihren Inhalt wieder auf. Damit aber tritt positiv hervor, daß sie die volle Sinntiefe – auch ihrer eigenen! – wissenschaftlichen Forschung nicht erreichen; sie tun dabei selbst mehr, als ihnen bewußt wird.
Der ursprüngliche Sinn des Denkens und Sprechens liegt nicht in der Formung und Beherrschung von Sinnesempfindungen, sondern im Vernehmen und Ausdrücken der Wirklichkeit (»Vernunft« von »Vernehmen«) und – durch den »logischen Schluß« – im Aufschließen und Er-schließen der Erfahrungsgegebenheiten in ihren wirk-lichen Gründen. Indem wir in jeder Frage und Aussage das Seiende zu berühren suchen, wie es *ist,* ist das Denken urspünglich der Wirklichkeit uneingeschränkt geöffnet. Wenn daher die in der Erfahrung gegebene Welt von ihrem Seinscharakter her (z. B. als im Entstehen befindliches Sein) dies fordert, so führt das Denken zu ihrer Er-gründung über sie hinaus. Jeder solche logische Ab-schluß erweist sich so von einem tieferen Logos her als Kurz-schluß.

Die sich hier öffnende Möglichkeit einer in die Transzendenz tragenden Philosophie und eines religiösen Glaubens wird nun von einer Art *»religiösem Empirismus«* nur unzulänglich wahrgenommen, der das logisch-wissenschaftliche Denken ausschalten zu müssen wähnt, um dem »Glauben« bzw. der »religiösen Erfahrung« Platz zu machen. Mit dem positivistischen Empirismus verbindet ihn die Auffassung, daß nicht das Denken, sondern nur die Erfahrung eine Wirklichkeitsberührung sichert; denn während das Wesen von »Erfahrung« in einer unmittelbaren Ein-wirkung der Wirklichkeit liege, in der diese sich selbst gibt, sei das »Denken« nur ein unverbindliches Konstrukt des Menschen zu deren Bemächtigung. Der religiöse Empirismus unterscheidet sich vom positivistischen jedoch insofern, als er diese Bemächtigung übersteigen will, indem er nicht die sinnliche Erfahrung meint, die für den Zu-griff der Be-griffe jederzeit verfügbar ist (und möglichst im technischen Experiment reproduzierbar sein soll), sondern eine »geistige« Erfahrung des prinzipiell »unverfügbaren« Gottes. Diese Auffassung hat einen Vorläufer in *Blaise Pascal,* der den menschlichen Geist in einen »esprit de géométrie« (= rationalen Rechenverstand) und einen »esprit de finesse« (= Geist des Fein-sinns oder »Vernunft des Herzens« bis hin zur »Intuition der Liebe«) spaltet, wobei der erstere der technischen Verfügbarmachung der Welt, der letztere aber der religiösen Erfahrung zugeordnet ist (6).
So sehr seit Entwicklung der technischen Neuzeit beide Aspekte des Geistes auch in Gegensatz treten mögen

(6) Vgl. Gedanken (Pensées). Nach der endgültigen Ausgabe übertragen von *Wolfgang Rüttenhauer.* Einführung von *Romano Guardini.* Birsfelden–Basel o. J., Nr. 334, vor allem S. 164 bis 165; vgl. auch Nr. 702, S. 340.

(wobei der eine z. T. verkümmert bzw. vom andern unterdrückt sein mag), so ist diese Feststellung doch zu relativieren; »Verstand« und »Vernunft« sind nämlich nicht nur verschieden. Denn der denkende Verstand kann mit seinen „logischen Strukturen“ offenbar die über die Sinne einwirkende Wirklichkeit nur unter der Bedingung ergreifen, daß diese sich ihm darbietet und zeigt und er sie als in seiner Form faßbar und aussagbar vernimmt, ihm also vernehmende Vernunft (oder eine Art »geistige Wirklichkeitserfahrung«) innewohnt. Umgekehrt tritt die sinnliche Erfahrung beim Menschen in ein geistig vernehmendes Bewußtsein ein, wo sie die Möglichkeit zeigt, durch das Denken erfaßt und ausgesagt zu werden; bereits die Aussage, daß und was »Erfahrung« überhaupt ist, stellt ja eine Leistung des Denkens dar (schon der Begriff der Erfahrung hat *als Begriff* nicht so sehr ein empirisches als vielmehr ein rationales Sein). – Der religiöse Erfahrungs-Irrationalismus wendet sich deshalb mit Recht gegen ein bloß »technisch« verfügen wollendes, nicht aber vernehmendes und aufnehmendes Denken; er sieht in wissenschaftlicher Rationalität jedoch nur das erstere, nicht aber auch das ihm (wenigstens begrenzt) zugrundeliegende letztere – ohne das er ja nicht einmal sich selbst artikulieren könnte.

Der wissenschaftstheoretische Empirismus erweist sich somit in seiner positivistischen wie seiner religiösen Form als spätes Produkt eines anthropologischen Dualismus und Pluralismus des abendländischen Westens, der eine für die Wirklichkeit empfängliche, aber chaotische sinnliche Natur und einen sie unter seine ordnende Form zwingenden Geist einander »dialektisch« gegenüberstellt. Könnte hier eine Struktur des

Mißtrauens und der Angst zum Ausdruck kommen, die darin wurzelte, daß der Mensch nicht mehr oder noch nicht durch einen *rational begründeten* Glauben in einen bergenden Schöpfer von Natur *und* Geist sich einläßt? Die Befreiung aus diesen Verkürzungen und Verzwängungen des Menschenwesens zur vollen Proportion und Einheit des Lebensvollzugs müßte den über die körperlichen »Sinne« hereinvermittelten vorgängigen »Sinn« der Wirklichkeit geistig auf-schließen und den zugrunde liegenden »Logos« im »logischen Rückschluß« hervortreten lassen, wie auch in affektiver und voluntativer Beteiligung und Praxis ihm sich »an-geloben« – worin der sprachliche Ursinn von »glauben« zu sehen ist. Damit bahnt sich aus den erkenntnis- und wissenschaftstheoretischen Vorüberlegungen ein anthropologischer Zugang zum Glauben an, der die menschliche Existenz in ihrer Totalität anspricht und einfordert.

II.
Menschliche Existenz und religiöser Glaube

Vorüberlegung zum Begriff des Glaubens

Die vorangegangene Untersuchung über »die Grundstruktur der Wissenschaft und die Möglichkeit des Glaubens« vermittelte einen Zugang zunächst zu einem anthropo-logisch sinnvollen Begriff – genauer: Vor-begriff – des Glaubens: Glaube ist ein Er-fassen des inneren Grundes der sich der Erkenntnis zeigenden Wirklichkeit über alle mögliche Erkenntnis hinaus; die Kräfte der Erkenntnis sind dabei voll beansprucht und gleichzeitig überstiegen. Solche »Struktur des Glaubens« war bereits an der Beziehung zum Mitmenschen abzulesen. Wenn ich ihm – und an ihn – glaube, aktiviere und überschreite ich meine Erkenntnis in die erkannte Wirklichkeit des Du hinein, die ich nun gründlicher festhalte. Eine noch umfassendere Bedeutung gewinnt diese Glaubensstruktur in bezug auf das Ganze der Welt und ihren göttlichen Grund (vgl. I, 3). Glaube ist somit ein aktives anfängliches Erfassen der Wirklichkeit, das in freier Entscheidung sich dann darüber hinaus noch tiefer von ihr selbst erfassen *läßt;* durch das „passive Ergriffenwerden« wird das »aktive Ergreifen« also nicht zerstört, sondern in seinen Sinn noch mehr eingebracht: den Kontakt mit der Wirklichkeit. Sofern sich in meiner Erkenntnis die Wirklichkeit nicht selbst zeigt und »ge-währt« (= »schenkt«), bemühe ich mich umsonst; wenn aber bereits beim Vorgang »normaler Erkenntnis« meine »Eigenleistung« und meine »Empfänglichkeit« nur zwei Aspekte an ein und demselben darstellen, dürfte eine Glaubensbegegnung mit dem Grund der Wirklichkeit, der die Erkenntniskräfte übersteigt, noch mehr den Charakter eines Geschenks zeigen. In diesem Sinne bedeutet Glaube einen radikalen und totalen ek-sistentiellen Selbstvollzug des Menschen: ein aus sich Heraustreten und über sich und sein Vermögen Hinausschreiten im Aufgenommen- und Getragensein vom eigenen all-umfassenden Grund.

Damit verdeutlicht sich auch, daß es sich bei dem im wissenschaftlich-philosophischen Erkennen und im religiös-existentiellen Glauben vollzogenen Gottesbegriff (vgl. I, 3) nicht um einen »Bemächtigungsgriff« des Denkens nach Gott handeln kann: d. h. präziser nicht um einen Voll-begriff der unendlichen Grund-Wirklichkeit, der diese in unseren endlichen Verstand einzwängen (und damit verfehlen) würde, sondern eher um einen bloßen Vor-begriff, in den die Wirklichkeit nur sehr unvollkommen eingeht; unser (notwendiger!) Begriff vom Unbegrenzten ist selbst ein begrenzter Begriff.

Gegen Sinn und Möglichkeit des religiösen Glaubens wird (auf dem Hintergrund eines positivistisch-technischen »Realismus«) oft der Einwand erhoben: Wenn Gott (bzw. eine Glaubensaussage über ihn) jenseits der wissenschaftlichen Nachprüfbarkeit und des Wissens liegt, so »weiß« man buchstäblich nicht, wovon man spricht, indem man »Gott« sagt. Eine solche Aussage – sofern sie bei vollem Bewußtsein überhaupt möglich sein sollte – wäre vor dem Wahrheitsgewissen unverantwortbar und schadete unserer auf Wissen und Wissenschaft beruhenden Kultur. Ebenso könnte man jeder beliebigen anderen wissenschaftlich unkontrollierbaren Ideologie verfallen.

Unter diesem Argument hebt sich noch deutlicher heraus: Wenn »Gott« *völlig* außerhalb des Wissens läge,

»wüßte» man *in keiner* Weise, was man mit dem Wort »Gott« sagt – und ein Glaube an »Gott« wäre absolut un-sinnig und unverantwortbar. Wenn aber der Mensch immer schon anfänglich von und um Gott weiß, so ist er von daher für weiteres Fragen nach ihm und eine aus einer tieferen Selbsterschließung (= »Offenbarung«) mögliche und im Glauben anzunehmende Antwort sinnvoll offen.
»Glaube« ist also nur unter der doppelten Bedingung möglich, daß »Gott«
1. nicht *völlig innerhalb* des Wissens liegt – sonst wäre man *nicht mehr* auf »Glauben« angewiesen –, und
2. ebenso *nicht völlig außerhalb* ist – sonst hätte Glaube *noch nicht* einen Ansatz.
Wovon ich absolut nichts weiß, danach kann ich auch noch nicht fragen; ich wüßte dann nämlich nicht, wonach ich überhaupt fragte (oder fragen sollte) und die Frage selbst wäre gar nicht stellbar. Wenn ich aber nicht frage, so fehlt die Voraussetzung für eine etwa im Glauben anzueignende Antwort.
Aber auch nach Grundlegung durch eine anfängliche Erkenntnis bleibt der Glaube eine kühne Tat der Freiheit – wenngleich er nun ein *sinnvolles* Wagnis darstellt. Er bedeutet die Kraft der Mitte zwischen einer Haltung ängstlicher Selbstabsicherung, die vor jedem Risiko zurückschreckt, und tollkühner Verwegenheit, die sinnlos alles aufs Spiel setzt, und ist so ein Ausdruck »existentieller Vernunft«. Er wagt auf ein »Minimum an Einsicht in den Sinn« ein »Maximum des Einsatzes« und ist so nach Peter Wust ein »Wagnis der Weisheit«) (7).

(7) Vgl. *Peter Wust,* Ungewißheit und Wagnis, München [7]1962; dazu: *Heinrich Beck,* Existenz in Freiheit – Geborgenheit in Ungeborgenheit. Die christliche Existenzphilosophie des Peter Wust, in: Wissenschaft und Welt-

Damit bietet sich in der Perspektive der »menschlichen Existenz« zum »religiösen Glauben« folgende Gliederung an:
In einem *ersten Schritt* ist der Mensch als »Frage« auszulegen. Hier ist seine Ein-stellung zur Wirklichkeit zu erhellen und zu sehen, ob darin nicht immer schon ein anfängliches Wissen von »Gott«, d. h. ein wenigstens unvollkommenes Vor-verständnis sich ereignet, das zu einem vollkommeneren Verständnis im Glauben fragend offen ist. Dabei ist die im 1. Teil versuchte grundsätzliche erkenntnistheoretische Vorerwägung über »die Grundstruktur der Wissenschaft und die Möglichkeit des Glaubens« in den lebendigen Vollzug der menschlichen Existenz tiefer zu integrieren und so anthropologisch noch mehr zu verankern.
Wenn aber die gesamte menschliche Existenz als »Frage nach Gott« und daraus der Glaube als eine im Prinzip sinnvolle Möglichkeit bewußt wird – bleibt diese Möglichkeit ein abstrakter Entwurf, eine bloße Leerform, oder ist sie inhaltlich näher zu bestimmen und zu füllen und so konkret zu verwirklichen? Ein *zweiter Schritt* hat daher zu untersuchen, ob eine Selbstoffenbarung des anfangshaft gewußten Gottes über die Wißbarkeitsgrenze hinaus tatsächlich erfolgt ist – etwa durch die Person Jesu Christi – und somit eine Antwort auf die existentielle Frage des Menschen und ein geschichtlich-konkreter Anlaß für den Glauben vorliegt.
Führt diese Frage zu einem positiven Ergebnis, so kann

bild. Zeitschrift für Grundfragen der Forschung 23 (Wien 1970) 304 bis 313; und: *Rudolf F. Lenz,* Über die Ungeborgenheit des Menschen, Salzburg–Großgmain 1977 (zu letzterem die Rez. des Verf. in: Salzb. Jb. f. Philos. XXI [1977]).

in einem *dritten Schritt* die Aufgabe einer Aneignung der Antwort im Glauben vor den Blick kommen. Dabei tritt hervor, was der Vollzug solchen Glaubens für das natürliche Sein und Wirklichkeits-Vorverständnis des Menschen in der Welt und für seine Freiheit bedeutet.

1. Der Mensch als Frage

Eine Betrachtung des menschlichen Verhaltens in der Welt zeigt, daß der Mensch in allen spezifisch menschlichen Tätigkeiten sich auf »Gott« hinbewegt und so ein vorauslaufendes (= »vor-läufiges«) Verständnis von diesem besitzt. Es handelt sich dabei genauer um ein Vor-Wissen, d. h. ein Wissen, das sich immer erst im Übergang von einem Nicht-Wissen her konturiert, also im Modus des Fragens ereignet.
Es wurde bereits deutlich: Wenn ich nicht um das, wonach ich frage, schon *unvollkommen* weiß, kann ich *noch nicht* nach ihm fragen; ich wüßte dann gar nicht, wonach ich überhaupt frage. Wenn ich aber um das Gesuchte schon *vollkommen* weiß, brauche ich *nicht mehr* nach ihm zu fragen; die Frage wäre überflüssig. Jede Frage enthält ein Schon-Wissen, von dem sie ausgeht, und ein Noch-nicht-Wissen, über das sie hinausstrebt und das sie zu überwinden sucht.
Es soll sich nun zeigen, daß die gesamte menschliche Ek-sistenz in diesem Sinne eine »Frage nach Gott« ist: eine vor-verstehende und fragende Bewegung über sich hinaus und auf ihn hin. Dies verdichtet und verdeutlicht sich besonders an den ek-sistentiellen Vollzügen des Wahrheits- und Schönheitsstrebens, des mitmenschlichen Umgangs und des Gewissens, d. h. in der »noetischen«, »ästhetischen« und »ethischen« Dimension der menschlichen Existenz.

Menschliches Leben geschieht in einem fortwährenden, unser Erleben und Handeln begleitenden und verarbeitenden Denken, Sprechen, Fragen und Urteilen. Hierin strebt der Mensch – zumindest unreflex – nach Erkenntnis und zielt damit letztlich auf *absolute* Wahrheit und Klarheit; denn wo er sie im Einzelfalle nicht erreicht und dessen inne wird, empfindet er sich unbefriedigt und strebt darüber hinaus. Ebenso: Wenn er Natur oder Kunst erlebt, bewegt ihn ein Verlangen nach Teilhabe an *unbegrenzter* Schönheit. Wahrheit wie Schönheit begegnen in der Welt in immer nur *begrenzter* Verwirklichungsform, wobei ein Fehl an Wahrheit und Schönheit bewußt wird; dies zeigt, daß beide Sinngehalte darüber hinausgehen könnten, also nicht schon *aus sich heraus* eine solche Begrenzung besagen müssen. Daher ist unser Streben nach Wahrheit und Schönheit unersättlich.

Sofern es Wahrheit und Schönheit überhaupt gibt, sind sie Aspekte der Wirklichkeit. Also bedeuteten eine *absolute* Wahrheit und Schönheit nichts anderes als Aspekte an einer *absoluten* Wirklichkeit; sonst fehlte die entsprechende Seinsgrundlage. Mit unserem Streben nach Wahrheit und Schönheit zielen wir daher auf eine Teilhabe an absoluter und unbegrenzter Wirklichkeit.

Diese ist nicht als etwas Unpersönliches zu denken. Denn die Wahrheit, sinnliche und geistige Schönheit und Leuchtkraft von Personen berührt und erregt uns mehr und umfassender als die der unterpersonalen Natur und erweist sich darin als ein Volleres und Vollkommeneres, ein Mehr an Wahrheit, Schönheit und Wirk-lichkeit (8). Dem absolut und unbegrenzt Voll-

(8) Aus dem Zusammenhang heraus (vgl. auch I, 3 und die noch folgenden Verdeutlichungen) läßt sich hier unter dem Begriff »Person« festhalten: ein selb-ständiges Seiendes, das sich selbst zu erfassen und anderen mitzutei-

kommenen und Wirklichen kann aber nichts an Fülle und Vollkommenheit fehlen, also auch nicht die einer personalen Wahrheit und Schönheit (worin die bloß naturhafte positiv aufgehoben und überboten ist). Also kann eine absolute Wahrheit, Schönheit und Wirklichkeit nur als eine personale verstanden werden und meint der Mensch, indem er in allem Wahrheits- und Schönheitsstreben auf sie hinzielt, durch jede begrenzte und daher nur vorder-gründige Wahrheit, Schönheit und Wirklichkeit hindurch zutiefst eine in ihrer Wahrheit, Schönheit und Wirklichkeit unbegrenzte Person. Sie läßt sich »Gott« nennen, da nach Aussage der Religionswissenschaft, wie erwähnt, mit diesem Namen ein »Du« angesprochen wird, das nicht durch den Raum-Zeit- Zusammenhang der Welt bedingt und begrenzt ist (und daher jede menschlich-körperliche Personalität un-begrenzt übersteigt).

Damit ist der Richtungssinn des Strebens nach rationaler Wahrheits-Erkenntnis (und emotionalem und ästhetischem Erleben), der sich in der »Frage nach dem Grund« formuliert und im I. Teil (»Zur Grundstruktur der Wissenschaft und Möglichkeit des Glaubens«) in seiner *»objektiven«* Struktur und Gültigkeit entfaltet

len vermag (in dem also die Wirklichkeit »durch-tönt«, per-sonat). Dieses Verhältnis zu sich (als Ich) und andern (als Du) ist seiner Natur nach offenbar etwas anderes als der Umstand, daß es beim Menschen in der Regel auf das Medium des Leibes und die Bedingungen der stofflichen Welt angewiesen bleibt (worin weitgehend sogar das spezifisch Menschliche liegt). Es ist daher möglich, den Begriff »Person« so zu bilden, daß eine Person ohne dieses Medium und diese Bedingungen nicht schon von vornherein einen begrifflichen Widerspruch darstellt. – Personale Wahrheit und Schönheit hängt jedenfalls an diesem In-sich- und Zum-andern-Stehen – ob es nun unter oder über den genannten Bedingungen geschieht.

wurde, nun auch in seiner »*subjektiven*« Struktur und Bedeutung hervorgetreten und so in einem umfassenderen anthropologischen Zusammenhang verankert. Dieser umfaßt nicht nur die Sphäre des individuellen Bewußtseins, sondern sicher mehr noch die des »kollektiven Unbewußten«; die tiefenpsychologischen Analysen sind dort auf religiöse Symbole gestoßen, die in jedem Menschen angelegt sind und als ur-bildliche Erlebnismuster das bewußte Verhalten unbewußt motivieren und steuern (z. B. das »Sinn-bild« des Weisen, des Bergenden, der Urmutter, der vollkommenen Harmonie usw.) (9).
Wohl hat sich damit der personale Charakter des Zieles menschlichen Wahrheits- und Schönheitsstrebens noch nicht mit aller wünschbaren Deutlichkeit profiliert; er ist das zentrale Thema der zweiten Überlegung, die von der mit-menschlichen Anlage unserer Existenz ausgeht.

Denken, Sprache, Erleben und Arbeit, worin der Mensch sich »tut« und verwirklicht, ereignen sich auch unter den Bedingungen des alltäglichen mitmenschlichen Umgangs. Dieser zielt wesentlich darauf ab, den Mit-Menschen zu verstehen und von ihm verstanden zu werden. Dabei wird im Grunde nicht nur relatives und begrenztes Verständnis erhofft; denn überall, wo wir auf Verständnisgrenzen stoßen, fühlen wir uns unbe-

(9) Vgl. z. B. *C. G. Jung*, Psychologie und Religion, Zürich 1940, [3]1947; Psychologie und Alchemie. Psychologische Abhandlungen, Bd. V, Zürich 1944, [2]1952; Symbolik des Geistes. Psychologische Abhandlungen, Bd. VI, Zürich 1948, [2]1953. – Auch: *Paul Ricoeur*, Die Fehlbarkeit des Menschen. Phänomenologie der Schuld I; Symbolik des Bösen. Phänomenologie der Schuld II; aus d. Französ. v. Otto Maria, Freiburg–München 1971.

friedigt und streben darüber hinaus. »Verstehen« ist jedoch eine Leistung, die – wie jede Tat – die Wirklichkeit der betreffenden Person ausdrückt. Der Mensch – der Mitmensch wie man selbst – stellt aber ein nur begrenztes Wesen dar und vermag deshalb in lediglich begrenztem Maße zu verstehen; unbegrenztes Verständnis ist allein bei einer grundlegend auch in ihrem Sein unbegrenzten Person möglich, d. h. bei Gott. Also zielt der Mensch in jedem zwischenmenschlichen Gespräch und Zusammenhang, in dem es um Verstehen und Verstandenwerden geht, verborgen hindurch zu Gott.

Dies steigert sich bei einer tiefer engagierten menschlichen Begegnung und Beziehung, in der das Verständnis gegenseitige Annahme und Aufnahme oder gar Geborgenheit, Liebe und Beglückung einschließen soll. Unbegrenzt und vorbehaltlos Du-sagen, sich aussprechen und geben kann der Mensch jedoch nur zu einem unbegrenzten Du. Daher ist Gott in jeder zwischenmenschlichen Liebe der verborgen Mit-Geliebte.

Der menschliche Körper und alles Materielle, worin seine Liebe sich ver-leiblicht, ist als Realisierungs- und Bewährungsfeld einbezogen. Sofern z. B. die Frau beim Manne im Bilde seines Körpers eine zuletzt auch geistige und charakterliche Kraft, Festigkeit und Bestimmung »sinn-lich« zu erfahren sucht und der Mann in der voll-menschlichen Empfänglichkeit und Bestimmbarkeit der Frau seine Bestätigung, Verwirklichung und Vermittlung, seinen »Daseinsraum« ersehnt, zielen die Geschlechter hindurch zu Gott, in dem die positive Seinsmächtigkeit von Mann und Frau über jede Begrenzung hinaus in ur-sprünglicher Weise eins ist (10).

(10) Die Anrede Gottes nur als »Herr« könnte deshalb zu einer – durch die kulturanthropologische Disposition des »We-

Das Ungenügen jeder zwischenmenschlichen Beziehung, die möglichen Frustrationen und Perversionen machen gerade hier elementar deutlich, daß sich menschliche Ek-sistenz in der reinen Immanenz nie erschöpft.
Der Gegensatz der Generationen beinhaltet eine ähnliche Aussage. Indem die Eltern in ihren Kindern und Jugendlichen etwas von einer unerschöpflichen Lebensfrische und Ursprünglichkeit ahnen oder berühren wollen, und die junge Generation von den Unzulänglichkeiten der älteren – ihrer Moral und ihrer Gesellschaft – zutiefst »ent-täuscht« ist, entbehren beide in ihrer »dialektischen« Beziehung eine unbegrenzt positive persönliche Möglichkeit.
Schließlich wäre der Blick auf die großen wirtschaftlichen und politischen Institutionen zu richten, die den Rahmen alles mitmenschlichen Umgangs ausmachen und jede individuelle Existenz ermöglichen. Wir erwarten etwa vom Staat Gerechtigkeit, Sicherheit und Wohlfahrt. Warum aber erfaßt uns Unwille oder Protest, sobald uns diese durch seine Behörden und Vertreter in nur begrenztem Maße zuteil werden? Offenbar meinen wir auch durch den Staat, seine Organe und alle Sozialstruktur hindurch eine absolute Gerechtigkeit, Wohlfahrt und Geborgenheit, die jedoch der Seinsgrundlage mangelte, wäre sie nicht Ausdruck einer in ihrem Sein absoluten Person.
Es zeigt sich: Unsere mitmenschliche Anlage ist in ihrer Tiefen- und ihrer Breitendimension so strukturiert, daß

stens« wohl begünstigten – einseitigen Vorstellung führen. Zumindest ist die »Herr-lichkeit« und »Väterlichkeit« Gottes nicht durch den Gegensatz zu »aufnehmender Weiblichkeit« und »Mütterlichkeit« eingegrenzt, sondern die ur-bildliche Identität beider.

sie in allem Menschlichen und Mitmenschlichen notwendig dessen göttlichen Grund persönlich mitmeint.

Diese transzendierende »Tiefe und Breite« jeder innerweltlichen Dialogik wird noch belebt und gestaltet durch jenen schöpferischen Dialog, der sich im ethischen Ge-wissen ereignet und so unser »praktisches Handeln und Wissen« stets betrifft. Artikulierte sich der »Mensch als Frage nach Gott« in der ersten Überlegung, ausgehend vom Wahrheits- und Schönheitsstreben, unter einem umgreifenden kosmischen Aspekt, in der zweiten Überlegung unter dem sozialen, so nun in der folgenden dritten unter akzentuiert individuellem. Zwar ist auch das Gewissen von sozialen Einflüssen durch Erziehung und zeitbedingte Normvorstellungen mitgeprägt, doch handelt es sich hier um sekundäre Ausformungen (bzw. auch Überformungen) einer primären Offenheit des Menschen für einen unbedingten An-spruch.

So kann ich z. B. in gewissen Situationen der Sinn-Forderung inne werden: Ich soll den Mitmenschen gerecht behandeln. Der Sinn lautet nicht: »Wenn es Deinen Zwecken nützt, dann gib ihm das ihm Zustehende«, sondern die Forderung versteht sich als unabhängig von jeglichen Bedingungen. Wohl ist ihr konkreter Inhalt, d. h. das was man im gegebenen Fall für das Gerechte hält, von vielerlei soziologischen, psychologischen und vielleicht auch biologischen Faktoren mitbestimmt, aber nicht die unbedingte Form des »Du sollst!« selbst, worin man sich überhaupt unter ein solches Maß gestellt sieht. Eine unbedingte Forderung, soll sie begründet sein, setzt aber eine unbedingte fordernde Wirklichkeit voraus, die – weil sie unsere freie Entscheidung herausfordert und verpflichtet – nicht von niedrigerem Rang sein kann als wir selbst; wir verhalten uns zu ihr wie etwas Bedingtes und Gefordertes zum Unbedingten und Fordernden: Es handelt sich also um mein unbedingtes und unbegrenztes Grund-Ich oder Grund-Du: um Gott. Indem ich seinem An-ruf in der Ver-antwortung zu antworten, also z. B. dem Anspruch unbedingter Gerechtigkeit in einer gerechten Tat zu ent-sprechen suche, bringe ich mich selbst in meine rechtere und vollere Wirklichkeit hervor, in die ich nun zum Mitmenschen eintrete. Das Gewissen ist so das ek-sistentielle Zentrum der Person und der Ort fort-gesetzter Hervorrufung und Schöpfung.

Dieser kreative Dialog des Ge-wissens ereignet sich nicht in der Sprache eines ausdrücklichen Wissens um (bzw. »mit«) Gott, sondern des Vor-wissens, wie sie dem fragenden Menschen entspricht. Auch dann, wenn man mit einem vermeintlich atheistischen Bewußtsein sich nach Kräften um die Verwirklichung unbedingter Sinnforderungen bemüht, anerkennt man doch durch sein praktisches Verhalten diese als begründet und darin eingeschlossen ihren Grund; umgekehrt ist man durch ein etwa ungerechtes Verhalten eines verborgenen Atheismus überführt. Der Mensch wird die Begrenztheit seiner Existenz wohl auch darin akzeptieren müssen, daß es nie gelingt, das »praktische Sein« und »theoretische Bewußtsein« vollkommen zur Deckung zu bringen; aber es bleibt Auf-gabe, nicht nur zu sein, sondern möglichst bewußt zu sein. Indem menschliches Sein und Bewußtsein ein fragendes ist – eine Frage nach Gott – und in der Frage das Erfragte immer schon sich anzeigt und uns an-spricht, fordert es uns durch seine Frag-lichkeit zur Frage heraus. So geschieht die Frage des Menschen nach Gott bereits als Antwort auf eine hinter-gründige Frage Gottes nach dem Menschen. Der

Dialog, den der Mensch mit sich selbst führt, in dem er sich vor sein Bewußtsein zu bringen sucht, ereignet sich vor dem Grunde eines Dialogs mit Gott im Gewissen, in dem er sich selbst voll-kommener hervor-bringt.

Zusammenfassend: Der Mensch zielt in seinem Streben nach Wahrheit und Schönheit, nach Verständnis, Freiheit und Gerechtigkeit und nach gültiger menschlicher Leistung aus dem untergründigen Dialog des Gewissens, also in seinem Gesamtverhalten, hin auf Gott. Die Gesamtstruktur seines Verhaltens läßt sich aber wohl nicht anders begreifen denn als Ausdruck seines Wesens. Also zielt der Mensch *wesenhaft* auf Gott, ist Gott das Sinnziel seines Seins, der durch alles andere hindurch zutiefst immer Gemeinte. Im Maße der Mensch zu seinem Mensch-Sein erwacht und sich in der Sinnrichtung seines Seins und Tuns versteht, bestimmt sich auch das Gottes-Vorverständnis, das im Selbstverständnis eingeschlossen ist.
Freilich bleibt das Verständnis des Unbedingten und Unbegrenzten immer vielfältig bedingt und begrenzt, daher dunkel und zahlreichen Ab-irrungen ausgesetzt, die von ihrer anthropologischen Grundlage her typisierbar sind. Einige seien kurz genannt und skizziert: die Verabsolutierung des Kosmos im Pantheismus, der Gesellschaft im Kollektivismus und des Ich im Individualismus.
Wenn man die *kosmische Materie* als absoluten dialektisch-schöpferischen Grund allen Lebens und Bewußtseins ansieht, so entspringt entweder eine schwärmerische und abstandslose Naturliebe, die alle Übel und Sinnwidrigkeiten in der Welt übersieht bzw. »entwirklicht« (oder für »bald nicht mehr existent« erklärt), oder aber ein naturwissenschaftlich-technischer Tita-

nismus, der den Kosmos und die Menschheit als höchstes Entwicklungsprodukt der Materie total in Griff nimmt und »göttlich« hervorbringt.
Diese Vergötzung der Materie geht in eine solche der *Gesellschaft* über beim Kollektivismus. Entweder die Organisationsform der Gesellschaft und ihre Organe treten nun offiziell mit dem Anspruch absoluter Gerechtigkeit und Autorität auf und beginnen so mit ihren menschlichen Unzulänglichkeiten und Begrenztheiten (die nun bis ins Groteske gesteigert werden können) absolut und unbegrenzt »gleichzuschalten« und die individuelle Selbständigkeit und Freiheit zu unterdrücken. Oder aber die Gesellschaft wird auf eine »inoffizielle« Art vergötzt, indem man sich in seinem Verhalten (z. B. Denken, Sprache, Kleidung) ihr absolut anzupassen sucht, um »unbedingt« anerkannt und bei ihr geborgen zu sein.
Solche Unterdrückung und Versklavung des Menschen hat auf derselben Ebene ihre Antithese im Individualismus, der nun das *Ich* verabsolutiert, es um jeden Preis – auch gegen vielleicht berechtigte Ansprüche von Mitmensch und Gesellschaft – durchsetzt und jede höhere Bindung und Verpflichtung absagt. Der Mensch gerät dabei jedoch ins Mißverhältnis zu seiner eigenen begrenzten individuellen Wirklichkeit, von der er nun Unbegrenztes erwartet.
Angesichts solcher Verfehlungen der wahren Natur des Absoluten im Pantheismus, Kollektivismus und Individualismus, denen jeder Mensch aufgrund seiner anthropologischen Struktur stets ausgesetzt ist und wohl auch bis zu einem gewissen Grade verfällt, wird noch akzentuiert, daß den Menschen von Natur aus nur ein undeutliches und weiterer Verdeutlichung fähiges und bedürftiges Ahnen von Gott kennzeichnet. Daher er-

scheint es sinnvoll, wenn er nach einer möglichen direkteren göttlichen Selbsterschließung in der Geschichte Ausschau hält, die sein dunkles Vorverständnis, das er immer schon ausübt, wenn er sein eigenes Wesen vollzieht, auflichtet und die er daher im Glauben sich aneignen kann. Solcher befreiender Glaube ist also von der menschlichen Existenz als »Frage nach Gott« anthropologisch immer schon im Prinzip sinnvoll möglich – aber konkret begründet und veranlaßt wohl erst dann, wenn eine über die menschen-mögliche Erkenntnis hinausgehende Selbstoffenbarung Gottes in der Geschichte nachweislich stattgefunden hat. Ist der geschichtliche Jesus die Antwort auf die Frage des Menschen?

Es ist hier noch der Einwand von *Ludwig Feuerbach* zu berücksichtigen, die Gottesidee sei lediglich die Vergegenständlichung der inneren Wesensanlage des Menschen auf unbegrenzte Wahrheit, Schönheit, Gerechtigkeit und Liebe; da er sie im Diesseits noch nicht verwirklicht findet, projizierte er sie in ein irreales Jenseits. Nachdem er aber dergestalt seiner subjektiven Möglichkeit objektiv bewußt geworden ist, sei es an der Zeit, sie wieder in sich zurückzunehmen (die Theologie wieder in Anthropologie »aufzuheben«), um im Diesseits eine in ihrer Wahrheit, Gerechtigkeit und Liebe immer unbegrenztere Gesellschaft aufzubauen. (Nach *Karl Marx* unterbleibt diese Auflösung der Religion so lange, als eine herrschende Gesellschaftsschicht sich der Religion zur »göttlichen Sanktionierung« der bestehenden Machtverhältnisse bedienen kann.) (11)

(11) *Ludwig Feuerbach,* Das Wesen des Christentums (1841) = Sämtliche Werke. Hrsg. von *W. Bolin* und *F. Jodl,* Stuttgart 1959, Bd. VI, und: Gesammelte Werke. Hrsg. von W. Schuffenhauer, Bd. 5, Berlin 1974. – Ferner: *Karl Marx,* Zur Kritik der Hegelschen Rechtsphilosophie.

Demgegenüber ist zunächst daran zu erinnern, daß die gegebene Auslegung der menschlichen Existenz als Frage nach Gott die subjektive anthropologische Seite der »Frage nach dem Grund« darstellt, die in ihrer objektiven und kosmo-ontologischen Struktur und Gültigkeit bereits aufgewiesen wurde (im I. Teil: »Zur Grundstruktur der Wissenschaft und Möglichkeit des Glaubens«).
Ferner folgt z. B. aus der subjektiven Realität des Durstes nicht, daß der objektive Trank lediglich eine illusionäre Projektion ist; sondern ebenso, wie dieser die Möglichkeitsgrundlage für jenen bedeutet, so ist auch anzunehmen, daß unser fragendes Hinzielen auf Gott in dessen Realität gründet. Hierbei ist zu berücksichtigen, daß die Richtung auf Gott nicht nur einem gelegentlichen und zufälligen und daher dem Menschen äußerlichen religiösen Akt, sondern – wie aufgewiesen – dem menschlichen Gesamtverhalten eignet und daher als Ausdruck des Wesens des Menschen zu verstehen ist. Eine *wesenhafte* Ausrichtung auf ein Nichts bedeutete aber wohl ein Nichts an Ausrichtung, ja die Nichtexistenz des ganzen Menschen-Wesens.
Dennoch ist selbstverständlich einzuräumen, daß die konkreten Gottesvorstellungen von psychologischen und sozialen Einflüssen mitbestimmt sind; diese stellen jedoch nur sekundäre Ausformungen (und z. T. Über-, ja Verformungen) einer primären Offenheit zu Gott hin dar und sind an ihr kritisch zu messen. Hierbei kann der Blick auf die erhellende Antwort helfen, die der historische Jesus auf die existentielle und essentielle Frage des Menschen nach Gott bedeutet.

Einleitung (1843/44), in: K. Marx – Fr. Engels, Werke, Bd. 1, Berlin 1961, S. 378 bis 379; und K. Marx – Fr. Engels, Über Religion, Berlin 1958.

2. Christus als Antwort

Es hat sich gezeigt: Die menschliche Ek-sistenz vollzieht einen un-deutlichen und fragenden Vor-entwurf einer unbegrenzten göttlichen Wirklichkeit, der auf eine aus-deutende und ver-deutlichende Antwort ausgerichtet ist; diese geht in das begrenzte menschliche Erfassungsvermögen begrenzt ein und zugleich unbegrenzt über es hinaus, so daß der Mensch sie anfänglich selbst zu erfassen, sich dann aber mehr noch von ihr erfassen zu lassen hat. Sofern sie den Menschen übersteigt, kann sie nur durch eine direkte Selbstoffenbarung der Gottheit, sofern sie aber in den Menschen eingehen muß, in einer menschlichen Form erfolgen. D. h. der »Mensch als Frage« ist auf einen »Gott-Menschen als Antwort« angelegt.

Diese Vor-strukturierung einer möglichen Antwort durch die Grund-struktur der ek-sistentiellen Frage selbst ist an den Eigenschaften unseres fragenden Hinzielens konkret ablesbar, wovon bereits die Rede war. Wenn wir uns z. B. nach unbegrenztem Verstanden-, Geborgen- oder Geliebtsein sehnen, so nicht so sehr durch einen »jenseitigen reinen Geist«, als vielmehr durch einen Menschen wie wir: Wir wollen einem »unbegrenzt menschlichen« Menschen – Gott als einem Menschen – begegnen, der uns als Mensch, in menschlicher Weise, unbegrenzt akzeptiert; nur so können wir dabei selbst ganz Mensch bleiben bzw. noch mehr Mensch werden.

Da Mensch-sein aber Geschichtlich-sein heißt, sind wir damit auf einen in der Geschichte als Mensch uns be-

gegnenden Gott ausgerichtet – auf eine Mensch-Werdung Gottes in der Geschichte. Dieser Bezug unserer Existenz dokumentiert sich immer schon und immer wieder in den Mythen, in denen der Mensch zu seiner ek-sistentiellen Wesensanlage sinn-bildlich hinfindet und aufwacht. So gilt z. B. in den alten ägyptischen Dynastien der Herrscher als Gott (»Gott-König«). Es handelt sich hier noch nicht um eigentliche Geschichte, sondern um deren mythische Vor-bildung, da diese Inkarnation Gottes dabei immer (und nach anderen östlichen Religionen: überall) geschieht und damit noch im Unbestimmten verbleibt; sie meint den all-gemeinen Typus des »Herrschers«, noch nicht eine konkretbestimmte individuelle Person und ist so noch nicht im vollen und eigentlichen Sinne wirklich. Man kann sie deshalb als einen (in der hinzielenden Berührung mit dem Göttlichen ausgelösten?) »Vorentwurf« der menschlichen Ek-sistenz verstehen, in dem diese ihre Empfänglichkeit und Bereitschaft artikuliert und Gott gewissermaßen entgegenhält.
Den Anspruch, die Erfüllung dieser Menschheitserwartung, nämlich die einmalige und ganze, geschichtlichreale Antwort und Selbstaussage Gottes zu sein, erhebt Jesus von Nazareth.

Zu seiner Verifizierung ist man daher zunächst auf die historischen Quellen angewiesen. Nun hat aber die seit einigen Jahrzehnten (erst auf evangelischer und sodann auch auf katholischer Seite) einsetzende »Leben-Jesu-Forschung« und »Bibelkritik« zu dem Ergebnis geführt, daß viele Berichte der Evangelien über das Leben, die Worte und Handlungen Jesu nicht historische Tatsachen wiedergeben, sondern nur Einkleidungen der Gottes- und Jesuserfahrung der Evangelisten in eine zeitbedingte literarische Form darstellen. So wolle der Erzähler der »Auferweckung des Lazarus« nicht das Ereignis selbst behaupten, sondern nur in einer bildlichen und eingängigen Form sagen, daß er in Jesus Gott erfahren habe als einen, der Macht über Leben und Tod besitzt und Leben und Heil wirkt und will. Ähnlich seien die meisten berichteten »Wunder« und »Heilungen« Jesu nur »symbolisch« zu verstehen. Der historische Gewißheitsgrad der einzelnen Ereignisse schwanke; von relativ hoher Wahrscheinlichkeit, ja wissenschaftlich vergleichsweise optimal gesichert, sei die Faktizität der persönlichen Auferstehung Jesu vom Tode (12). – Muß aber bei solcher Problemlage der christliche Glaube im ganzen nicht auf einem reichlich ungewissen Fundament stehen?

Jedoch, möge der biblische Bericht über die einzelnen Begebnisse z. T. nur geringeren historischen Gewißheitsgrad haben – das geschilderte Gesamtbild der Persönlichkeit und des Lebens Jesu ist mehr als die Summe der Teile. Es verhält sich ähnlich wie bei der Ausage eines Porträts, die nicht von der Vielzahl und Exaktheit der einzelnen Pinselstriche abhängt; im Gegenteil kann durch das Zurücktreten der Details die Gesamtaussage u. U. (wie bei der »Skizze«) nur gewinnen. Auch ist ein angemessenes Verständnis einzelner Worte und Handlungen nicht bei »genauer isolierender Betrachtung«, sondern nur in einem umfassenderen Handlungs- und Sinnzusammenhang und auf dem Hintergrund der Gesamtpersönlichkeit möglich. Daher nötigt die »historische Unschärfe« (bzw. fluktuierende Gewißheit) der einzelnen Fakten des Lebens Jesu zu einer Befreiung von deren unverständiger Übergewichtung und einer Hinwendung zum Ganzen der Persönlichkeit Jesu.

Wenn aber das Ganze in den Teilen sich ausgliedert und daher deren relative Gewißheit notwendig (und auch hinreichend) ist für die Begegnung mit der Gesamtpersönlichkeit, die zu-grunde-liegt (»dahinter-steht«) und sich in ihnen offenbart: Worin ist dann der wesentliche und durchgängige Grundzug zu erblicken, der die Einzelhandlungen Jesu zu der einmaligen Gesamtgestalt seines Lebens verbindet und so grundlegend charakterisiert? Es ist die vorbehaltlose und unmittelbare Einheit mit Gott (als dem »Vater«), die allen Worten und Handlungen und dem Bewußtsein Jesu selbst Absolutheitscharakter verleiht. Dies drückt sich aus in seinem Verhältnis zur Natur, zu den Mitmenschen und zu sich selbst.

Sein Verhalten gegenüber den Mächten und Gesetzen der *Natur* zeigt sich durch sie nicht bedingt, sondern ab-solut frei: Ohne jeglichen zeremoniellen Zauberaufwand und ohne Anstrengung, in unverkrampfter Natürlichkeit und wie selbstverständlicher Leichtigkeit, nämlich durch bloßes Auflegen der Hand oder durch ein Wort, heilt er Kranke (13) oder stillt er einen Sturm (14), und gebietet er der Natur. Auch wenn manche der einzelnen »Wunder« sich tatsächlich nicht oder nicht genau so, wie berichtet, zugetragen hätten: das Wesentliche und Typische ist die durchgängige Art, wie Jesus sich der Natur gegenüber verhält. Am markante-

(12) Vgl. *Franz Mußner,* Die Auferstehung Jesu, München 1969; *Jacob Kremer,* Die Osterevangelien – Geschichten um Geschichte, Stuttgart 1976.

(13) Vgl. z. B. Mt 8, 1–17, 28–33; 9, 2–8, 18–31; 12, 10–13; 14, 14; 15, 22–31; 17, 14–18; Mk 3, 1–5; 5, 2–13, 22–43; 6, 5, 55–56; 7, 25–37; 8, 22–25; 9, 17–29; 10, 46–52; Lk 4, 33–40; 5, 12–13, 18–25; 8, 27–33, 41–56; 9, 38–43; 13, 11–13; 14, 3–4; 18, 35–43; Joh 4, 47–54; 5, 2–9.

(14) Vgl. Mt 8, 23–27; Mk 4, 36–41; Lk 8, 23–25.

sten wohl tritt sie in der eigenen Auferstehung hervor, die, wie erwähnt, optimal verbürgt ist.

Dieselbe Un-abhängigkeit und Absolutheit zeigt Jesus in seinem Verhalten zu den *Mitmenschen*. Nie berät er sich mit seinen Jüngern oder fragt sie um ihre Meinung, was zu tun sei; stets weiß und weist er von sich aus den Weg (15). Er ist vollkommen frei gegenüber den Konventionen der Gesellschaft: Er heilt, wann immer es die Liebe ihm eingibt, und »schändet« so selbst den Sabbat (16), verkehrt mit den von der Gesellschaft Ausgestoßenen (z. B. der »Ehebrecherin«) (17), nennt die Angesehensten der Gesellschaft »übertünchte Gräber« (ohne jegliche Motivation durch sozialrevolutionären Haß) (18) usw. Er ist der gesellschaftlich absolut Emanzipierte und trägt so zu seinem eigenen Untergang bei. Selbst als Ausgestoßener am Kreuzesgalgen ist er noch fähig zu sagen: »Vater, verzeih ihnen, sie wissen nicht, was sie tun.« (19) Seine Liebe ist offenbar so ab-solut frei, daß sie in keiner Weise auf Gegenliebe angewiesen ist. Sofern Freiheit in Geborgenheit wurzelt, läßt sich diese absolute Freiheit und Unerschütterlichkeit der Liebe in äußerster Ausgestoßenheit nicht anders verstehen als durch eine absolute Hingabe an den Vater und unbegrenzte Einheit mit ihm.

Das Verhältnis Jesu zu sich *selbst* ist durch ein geradezu

(15) Vgl. z. B. Joh. 6, 35, 48–49, 57–58; 8, 12; 10, 7–16; 14, 6; 18, 37.

(16) Vgl. z. B. Mt 12, 1–13; Mk 2, 23–28; 3, 1–6; Lk 6, 1–11; 13, 10–17; 14, 1–6; Joh 5, 10–16.

(17) Vgl. z. B. Mt 11, 19; Mk 2, 14–17; Lk 5, 29–32; 7, 36–50; 15, 1–32; 19, 1–10; Joh 8, 1–11.

(18) Mt 23, 27; Lk 12, 44; vgl. in diesem Zusammenhang auch Mt 23, 1–36; Lk 11, 39–52; Lk 16, 15; 18, 9–14; Joh 10, 40–41; Apg 23, 3.

(19) Lk 23, 34.

göttliches Selbstbewußtsein bestimmt, das dennoch nicht die Züge stolzer oder eitel-selbstgefälliger Überheblichkeit und Anmaßung an sich trägt. Mit der Selbstaussage: »Ehe Abraham ward, *bin* ich«(20) – sie lautet nicht: ». . . *war* ich auch schon!« – stellt er sich völlig außerhalb der Zeit und somit Gott gleich. Auf die Anklage der Juden vor dem Richter: »Er hat sich zu Gott gemacht und ist daher des Todes schuldig!«(21), läßt er sich unwidersprochen abführen. In dieselbe Richtung weisen seine Aussagen: »Ich und der Vater sind eins« (22); »Niemand kennt den Vater außer dem Sohn und niemand kennt den Sohn außer dem Vater« (23); oder »Taufet alle im Namen des Vaters und des Sohnes und des Hl. Geistes«(24), worin er Gott und sich auf dieselbe Stufe stellt: Er weiß sich mit ihm in der absoluten Einheit einer ebenbürtigen und wesenhaften Ich-Du-Beziehung gegenseitiger Erkenntnis und Liebe.

Nicht eine gelegentliche und zufällige Einzelhandlung, sondern das gesamte Verhältnis Jesu gegenüber der Natur, den Mitmenschen und sich selbst – d. h. die Gesamtstruktur seines Verhaltens – zeigt als durchgängiges Merkmal Un-bedingtheit und absolute Freiheit (in absoluter Einheit mit Gott). Die Gesamtstruktur des Verhaltens einer Person ist aber nur zu verstehen als Ausdruck ihres *Wesens*. Also drückt sich hier aus: Jesus

(20) Joh 8, 58.
(21) Joh 19, 7; vgl. dazu Joh 5, 18.
(22) Joh 10, 30.
(23) Joh 14, 7–11; vgl. auch Joh 5, 19–23, 30–32, 37–38; 6, 37–47; 8, 18–19, 42–43.
(24) Mt 28, 19; Mk 16, 15.

ist *seinem Wesen nach* unbedingte und absolut freie Person – Gott.

Seine persönliche Wirk-lichkeit, seine Macht und Freiheit, seine Liebe ist nicht durch Natur und Gesellschaft irgendwie bedingt und begrenzt. Andererseits aber ist er ganz und gar Mensch und akzeptiert sein Dasein in den Grenzen des Raumes und der Zeit. Dazu gehört auch die Bejahung der menschlichen Gemeinschaft und der Materie und des sinnlichen Leibes. Jesus wirkte sein erstes Wunder als Verwandlung von Wasser in Wein und bei einer Hochzeit; er wurde sogar als »Fresser und Säufer« gebrandmarkt (25) und niemand kann behaupten, er sei Vegetarier gewesen. Darin aber zeigt er sich als von einer durch nichts begrenzten Natürlichkeit und Menschlichkeit; *er ist der unbegrenzt menschliche Mensch.* Ein *bloßer* Mensch aber könnte als begrenztes Wesen auch nur begrenzt menschlich sein: Wir leben notwendig in Abhängigkeiten, die man, indem man etwa gegen sie angeht (wie es z. B. bei östlichen Formen der Meditation und Askese geschieht), in ihrer Realität unwillkürlich gerade bestätigt und voraussetzt. Nur der unbedingt und unbegrenzt Seiende selbst kann auch unbedingt und unbegrenzt menschlich sein.

Es bietet sich folgender Vergleich als Verständnismodell an: Ich sehe mit meinem *körperlichen* Auge und denke mit meinem *geistigen* Verstand; ich verfüge somit *als ein und dieselbe Person* gewissermaßen über *zwei »Naturen«* (d. h. streng genommen nicht über eine körperliche und eine geistige Natur, sondern eine menschliche mit beiden Komponenten). Entsprechend besitzt Christus eine (körperlich-geistige) menschliche

(25) Mt 11, 19.

Natur, mit der er in Raum und Zeit begrenzt ist, und eine göttliche Natur, mit der er vorgängig zur Welt (»ehe Abraham ward«) immer schon und schlechthin »ist«. Da es sich bei Christus um ein und dieselbe Person handelt, von der beides gilt, kann man sagen: Es ist hier Gott, der (mit seiner menschlichen Natur) geboren wird, sich ängstigt, leidet und stirbt. Im Gegensatz zu einem *bloßen* Menschen kann von Christus aufgrund seines unbegrenzten Seins (= Gott-seins) das Menschlichsein mit unbegrenzter Wahrheit und unbedingtem Recht ausgesagt werden.

Bei Christus ist also weder das Menschsein in das Gottsein aufzulösen, so daß er jeder menschlichen Beziehung wie ein »Übermensch« entrückt wäre, noch das Gottsein im Menschsein, so daß eine vorbehaltlose Hingabe an ihn unmöglich würde. Sondern gerade durch das unbegrenzt wahre Menschlichsein Jesu finden wir den Einstieg zu seinem Gottsein und den Zugang zu Gott. So ist er präzise die Antwort auf die ek-sistentielle Frage des Menschen: In der Begegnung und Gemeinschaft mit ihm findet der Mensch den transzendierenden Grund seines menschlichen Seins und so sich selbst »von Grund auf«.

Christus als Antwort auf die wesenhafte Frage des Menschen nach Gott entspricht daher wohl der menschlichen Wesensausrichtung, nicht aber auch unbedingt den konkreten Erwartungsvorstellungen des Volkes Jesu und seiner (wie unserer!?) Zeit; letztere stellen vielmehr bereits eine Deutung und teilweise ins Vordergründige abgleitende Mißdeutung der ersteren dar und sind deshalb an ihr (und ihrer geschichtlich-realen Beantwortung in Christus) zu messen.

Ebenso werden in Christus der »östliche Monismus« wie der »westliche Pluralismus« in ihrer Einseitigkeit überholt. Entgegen manchen Lehren östlicher Spiritualität, die das materielle menschliche Ich in das unbegrenzte göttliche Selbst durch Meditation und Askese auflösen (bzw. beide schlechthin identifizieren) wollen, ereignet sich nach Christus die Einheit mit Gott durch die Teilnahme an seiner Ich-Du-Beziehung zum »Vater«. Wenn ich und Gott im Grunde dasselbe wären, dann blieben alle Vollzüge einer Gegenseitigkeit, wie Verständnis, Beschenkung, Liebe und Gebet, d. h. das Dialogisch-Menschliche, letztlich bloßer Schein. – Auch moderne Formen östlicher Politik scheinen das individuelle Ich in einer kollektiven Gleichschaltung auflösen und mit einem unbegrenzten Kollektiv aller unbegrenzt identifizieren zu wollen – womit der Mensch in die unterschiedslose Einheit und Monotonie eines sozio-ontologischen Nirwana eingeht.
Gleichermaßen aber empfängt auch der westliche Individualismus und Pluralismus durch Christus eine Antwort, nämlich das Fundament für die Befreiung und Er-lösung aus seiner jede Einheit und Gemeinschaft zersetzenden Überspitzung individueller Ansprüche. Die menschliche Nähe und Unmittelbarkeit, die aus Christus spricht, holt den Menschen (und den ganzen Kosmos!) aus der Gleichgültigkeit unbeteiligter Ferne (wie der kalten »Objektivität« wissenschaftlich-technischer Bemächtigung) und Gott aus einer bloß begrifflich-abstrakten und rein normativen Jenseitigkeit in eine wirk-liche Begegnung und Beziehung herein.

Christus bedeutet so als Antwort Gottes auf die Frage des Menschen auch eine Antwort auf den kulturanthropologischen Gegensatz von Ost und West. Denn in der polaren Ergänzung und Selbstüberschreitung der Gegensätze zu einem integrierten Menschentum konkretisiert sich die Zukunftsaufgabe der Menschheit: die Menschlichkeit des Menschen.

3. Der Glaube als Aneignung der Antwort

Die Antwort ist der Sinn der Frage. Diese zielt in ihrer Essenz und Existenz ganz und gar auf sie ab und ist nur um ihretwillen. Deshalb findet die Frage, die das menschliche Sein ausmacht, in Christus ihre Er-klärung und Er-füllung.

Die Antwort mag aber in sich noch so vollkommen oder die Gabe noch so wertvoll sein – wenn sie der Mensch nicht sich aneignet, bleibt sie ohne Wirkung und ist sie umsonst. Die Annahme der Antwort aber ist der Glaube. Er ist ein überzeugtes Festhalten dessen, was Jesus Christus durch seine Worte und Taten – umfassender durch seine ganze Persönlichkeit und sein Leben – aussagt. Dieses »Festhalten« geschieht angemessen durch eine Zu-stimmung nicht nur mit dem Verstand, sondern mit der ganzen Existenz. Der Glaube beginnt mit einem (immer nur unvollkommen möglichen) Erfassen Jesu, um sich dann vollkommener noch von ihm erfassen zu lassen – und bedeutet so eine Eingründung in ihn, um aus ihm heraus zu leben. Christus wird dann derart Richtbild und Kraftquelle, daß man sich im Grenzfalle mehr auf ihn und sein Wort verläßt als auf sich, seine eigenen Gedanken und Gefühle. Dies ist eine Entscheidung, worin der Mensch über sich hinausschreitet (eksistiert) – aber in einem grundlegend sinnvollen Wagnis, sofern er den Grund, auf den er sich einläßt, vorher (und fortschreitend deutlicher) als tragend erfaßt. Der Glaube trägt den Menschen über sein eigenes undeutliches Vor-wissen hinaus und tiefer ins Gewußte selbst hinein, das sich nun für ihn ver-deutlicht und näher bestimmt; in ihm erfüllt sich je per-sönlich die ek-sistentielle Frage zur ek-in-sistentiellen Antwort.

Bei solcher individueller Lebensgestaltung im »Dialogos« wird der Logos, der aus dem Menschen Jesus an-spricht, schrittweise bestimmter angeeignet: Was Gott als die absolute und unbegrenzte Wahrheit und Schönheit, die wir in allem Erkenntnis- und Erlebnisstreben verborgen anzielen, im Grunde ist, wird nun an Christus konkret sichtbar und angeboten und im Maße des Glaubens auch persönlich zu-eigen. Ebenso die unbedingt und immer schon verstehende, anerkennende und einbergende Liebe und Macht des unbegrenzten Du, sein schöpferischer und hervor-rufender Anspruch im Raum des Ge-wissens: Was das den Menschen unbegrenzt aufnehmende Du ist, das wir hinter allem mitmenschlichen Du ersehnen, wird real deutlich am Ereignis des Lebens Jesu bis hin zu seinem Kreuzestod und der nachfolgenden Auferstehung; dieses ist die göttliche Formulierung der Antwort und so Auf-klärung des Menschen über Gott und über sich selbst. Mit dem Leben Jesu vor 2000 Jahren in Palästina hat diese Aufklärung aber nur grund-legend und «objektiv« begonnen; sie entfaltet und ver-wirklicht sich in ihrer »Eigentlichkeit« fort-gesetzt durch unsere »subjektive« An-eignung im Glauben. Dieser bedeutet so die Kontinuation der Inkarnation in der (individuellen und sozialen) Geschichte.

Jesus und alles, was er als Antwort Gottes auf unser unbestimmtes fragendes Vorwissen beinhaltet und womit Gott sich selbst uns zu-spricht und zu-sagt, kommt nur an und wird nur konkret in dem Maße, in dem man ihn aufnimmt und annimmt, d. h. »glaubt«, ihm sich ange-lobt (oder, wie die Sprache zu steigern weiß, anver-lobt) und dankt. Wo der Vollzug nicht im Loben und Danken frei wird, hat die Annahme und Aneignung geistig noch nicht ganz stattgefunden; das Nach-denken über das Ge-gebene entscheidet sich erst im Nach-danken zur per-sönlichen Einheit mit dem Ursprung und zur Beantwortung des Angebots. So ist der Dank ein fundamentales anthropologisches Strukturelement und Erkennungsmerkmal des Glaubens. Er geht über die bloß mental-verbale Sphäre hinaus und »wird Fleisch« (= existentiell wahr), indem man »die Wahrheit tut« (26), praktisch mit ihr ernst macht und damit auf sie wirk-lich baut und »ihr traut«. Dies erst gibt Gott die Möglichkeit und den An-satz, ek-in-sistentiell weiter-gehend sich als wahr zu erweisen, d. h. »voller zu kommen« und voll-kommener sich in uns auszuwirken; durch den praktisch-real lobenden und dankenden Glauben hindurch wird die Kraft Gottes in uns frei. Sie strömt jedoch nicht ein, wenn man sich ihm nicht an-vertraut, sondern in Zweifel und Miß-trauen verschließt (27).

(26) Joh 3, 21; Eph 4, 15; vgl. auch Joh. 17, 17–19; 18, 37; 1 Kor 5, 8; Eph 5, 9; 6, 14; Kol 1, 6; 2 Petr 1, 12; 1 Joh 3, 18/19; 2 Joh 2/4; 3 Joh 3/4. 8.

(27) Zweifel – das In-der-Schwebe-Halten der Zustimmung – kann sich auf einen Sachverhalt oder auf eine Person beziehen. »Ich zweifle daran« (bzw.: »Ich glaube das nicht«) oder: »Ich zweifle an Dir« (»Ich glaube Dir nicht«). Während der eine Aspekt zunächst im Vordergrund stehen mag, bildet der andere als Hinter-grund oft das eigentliche Thema. Entscheidend bleibt jedoch stets, ob der Zweifel einem ernsthaften Interesse oder einer Selbstverweigerung gegenüber der Wahrheit entspringt. Im einen Falle ist er nur die vor-läufige Form einer Frage (und geht sofort in eine solche über), im anderen Falle aber Ausdruck der Abwendung von einer bereits berührten Wahrheit, der man sich nicht geben will.

Damit öffnet sich die Freiheit und das In-der-Welt-Sein des Menschen im Glauben: Das nicht (wie beim wissenschaftstheoretischen Empirismus) ins bloß Vorder-gründige anti-rational verschlossene Wissen bedeutet die Grundlage und Vor-gewißheit des Glaubens; dieser aber die freie Er-füllung und Voll-endung solchen Wissens, indem der Mensch sich von der ergriffenen Wirklichkeit Gottes selbst immer tiefer ergreifen läßt und sich schließlich ihr ganz überläßt und total zur Verfügung stellt.

Darin ereignet sich ein (graduelles) Freiwerden aus der Verhaftung in der Enge der eigenen Blickrichtung und ein Übersteigen der Grenzen eigenen Verständnisses; die Verspannung und Ratlosigkeit angesichts einer letzten Vieldeutigkeit der Wirklichkeit, die beengende Angst löst sich im aktiven Ver-trauen. Solche Einbergung des (immer nur begrenzt möglichen) Wissens durch die sinnvolle Entscheidung des Glaubens ist somit ein Schritt der Freiheit in noch größere Freiheit; diese erfließt nicht aus der relativen Un-ge-wißheit unseres Wissens, sondern der Ent-schiedenheit des Glaubens.

Die so begründete intensive Bewegung in tiefer Gelassenheit charakterisiert dann das Streben nach Teilhabe an Wahrheit und Schönheit, Verständnis und Liebe wie nach ethischer und schöpferischer Leistung. Denn durch den Glauben verdeutlicht sich in wirk-licher Begegnung mit Christus dem Menschen sein Wesensziel und dabei sein eigenes Wesen; er kommt zu sich selbst. Was er im Wahrheits- und Schönheitsverlangen durch den Kosmos hindurch letztlich sucht, hat er nun im menschlichen Ansatz gefunden. Er ist nun fähig, zwischen der Abstandslosigkeit pantheistisch zerfließender Naturschwärmerei und der kalten Ferne rein technischer Verfügung (die letztlich von Angst bestimmt ist) die kraftvolle menschliche Mitte zu halten: Er ist gegenüber der Natur frei. – Ähnlich gibt die Eingründung in Christus die Fähigkeit der Freiheit *von* und *zu* dem andern Geschlecht, dem Ehepartner, der anderen Generationen, den gesellschaftlichen und staatlichen Institutionen und beruflichen Aufgaben; man gelangt aus solcher letzter Geborgenheit her weder in die Haltung einer überfordernden Erwartung und Unduldsamkeit, noch der Verzweiflung und Resignation, sondern einer »Annäherung durch Abstand« (28), die im gelösten Ernst des Humors die Wirklichkeit akzeptiert. So bedeutet der Glaube die Teilnahme an der in der Einheit mit Gott unbegrenzten Menschlichkeit Jesu. Der Glaubende ist mit ihm »eines Geistes«.

Sofern aber der Glaube nicht nur im anrufenden Gott gründet, sondern auch in der eigenen Fähigkeit und Bereitschaft des Vernehmens und Antwortens, sofern er auch aus dem Seins- und Selbstverständnis und teilweisen Mißverständnis (und entsprechenden Verhalten) aufsteigt, trägt er das Signum der Grenzen der menschlichen Existenz, der Beirrbarkeit ihres Erkennens und Verfangenheit ihres Charakters. Diese Situation trifft eine Aussage von Blaise Pascal: »Der Mensch übersteigt um ein Unendliches den Menschen«. (29) Danach ist im Menschen so viel Licht, daß er Gott im Glauben finden kann, aber auch so viel Dunkelheit, daß er ihn zu verfehlen vermag.

(28) Vgl. das gleichnamige Werk von *Hans André,* Salzburg 1957.

(29) *B. Pascal,* Pensées, Ed. Brunsvicg, Fragm. 434, Paris 1964.

Anhang
Institutionalisierte Religion?

Der Glaube als persönliche Entscheidung für Gott durch den Anschluß an Christus scheint etwas ganz und gar Individuelles, ja Privates zu sein. Demgegenüber suchen die Religionsgemeinschaften durch ihre Lehre den »wahren« Glaubensinhalt zu de-finieren (d. h. abzugrenzen) und durch ihre moralischen und juridischen Normen den »richtigen« Lebensvollzug festzulegen. Bedeutet solche Maß-setzung nicht eine An-maßung, der Anspruch unbegrenzter Autorität durch eine begrenzte Institution nicht eine Perversion der Beziehung zum Unbegrenzten und Zerstörung der wesentlichen Freiheit?

Angesichts dessen ist zunächst zu sehen, daß der Mensch als Mensch auch wesentlich Mit-Mensch ist und die individuellen Fähigkeiten des Erkennens, schöpferischen Handelns und Seins gerade im Engagement und Da-Sein für andere verwirklicht werden. Die Liebe beispielsweise ist das Intimste und zugleich Sozialste, weil sie den Menschen in seinen innersten Möglichkeiten anfordert und über sich hinausträgt. Der Mensch ist zu seiner biologischen, wirtschaftlichen und kulturellen Entwicklung auf den materiellen und geistigen Austausch angewiesen.

Diese individual-soziale Anlage bedarf jedoch zu ihrer Sicherung einer festen Ordnung durch gesellschaftliche Institutionen wie Ehe, Familie und Staat. Sie sind anthropologisch begründete, öffentlich ein-ge-räumte und geschützte Formen möglicher Begegnung und Be-

ziehung und fungieren damit zugleich befreiend und begrenzend.
Da nun Gott als das unbegrenzte Du wesentlich auch durch die Gemeinschaft mit dem Mitmenschen hindurch erfragt und gesucht wird (vgl. II, 1), so fordert die Aneignung und Verwirklichung der Antwort den Einbezug des gesellschaftlichen Strukturrahmens menschlicher Existenz. In ihm hat daher Religion sich zu konkretisieren, indem sie in ihn eingeht, aber in ihm nicht unter-, sondern auch über ihn hinausgeht. Religion zeigt als Beziehung von Mensch und Gott gleich wesentlich den Aspekt des Begrenzten und des Unbegrenzten; die Aufhebung des einen »zugunsten« des andern müßte sie zerstören.

Daraus folgt jedoch keineswegs eine relative »Gleichberechtigung« oder Gleichwertigkeit aller möglichen Formen von religiöser Institution. Sowohl nicht-christliche Religionen, welche Tiere tabuisieren und kultische Menschenopfer verlangen, als auch das Versagen christlicher Kirchen vor fundamentalen Menschheitsproblemen in Vergangenheit und Gegenwart bietet wegen des Mangels an Menschlichkeit oder menschlichem Engagement Ansatz für Kritik; von ihr sind ebenso östliche Heilslehren betroffen, welche die materiell-sinnliche Dimension des Menschseins verkürzen, wie ein nationaler oder ökonomischer Sozialismus, der jede individuelle Freiheit einem Kollektivzwang unterwirft (bis hin zu »Kon-zentrations-lagern«) und ein »westlicher« Kapitalismus, der umgekehrt die Allgemeinheit durch Individuen auszubeuten erlaubt. Sie alle haben sich zu rechtfertigen vor dem Kriterium der Menschlichkeit, das offenbar als Maßstab aller Kritik zugrunde liegt.

Es ist erfüllt in der christlichen Glaubensgemeinschaft, sofern sie Jesus Christus als den unbegrenzt menschlichen Menschen zur Wirkung kommen läßt. Sofern sie sich allerdings primär auf menschliche Vorkehrungen und Sicherungen abstützt und sich im praktischen Handeln nicht Christus mutig anvertraut, muß sie scheitern.

Christus als der Inhalt des christlichen Glaubens ist universell verbindlich: Als der »unbegrenzt menschliche Mensch« ist er die menschliche Erfüllung für alle, der »schlechthin universelle Mensch«. Jedoch ist mit solcher Universalität des Glaubensinhalts noch nicht ein unbegrenzter und universeller Anspruch seiner immer begrenzten und partikulären menschlichen Verständnisweisen und geschichtlich-kulturellen Ausprägungen begründet; jede menschliche Sprache und Kultform stellt den unbegrenzten Inhalt in nur begrenzter Weise dar. Deshalb ist auch die abendländisch-westliche nicht so universell verbindlich wie ihr Inhalt. Dies entspricht genau der gott-menschlichen Persönlichkeitsstruktur Christi: Die in unbegrenzter göttlicher Wirklichkeit gründende unbegrenzte Menschlichkeit ist notwendig in einer raum- und zeitbedingten äußeren Form – nämlich der damaligen jüdischen – gegeben, die von ihm selbst nur relativ festgehalten wird.
Deshalb bedeutet es eine Verstellung des Inhalts, wenn etwa die dem Abendland entspringende und entsprechende Form theo-logischer Sprache und Liturgie und juridischer Verfassung der Kirche universellen Anspruch erhebt (und so den Verdacht eines westlichen religiös-christlichen »Imperialismus« erweckt). Dies provoziert dann zu der Antithese, die europäische Kul-

turtradition müsse abgestoßen werden, um die christliche Botschaft von aller ort- und zeitbedingten Verständnisweise zu reinigen und so auch für andere Kulturkreise und letztlich die Integration der Menschheit zu disponieren.

Doch mit der »Befreiung« von dieser (und konsequent auch jeglicher anderen) Kultur verbliebe nur noch eine abstrakt-unbestimmte christliche Spiritualität, die dem Sinn der Inkarnation Gottes widerspricht: nämlich durch Weckung und Verwirklichung aller positiven menschlichen Möglichkeiten die Menschlichkeit aus Begrenzungen zu lösen und so den Zugang zur unbegrenzten Wirklichkeit Gottes zu erschließen. Die voll-kommenere Verwirklichung natürlicher Anlagen durch die Freiheit des Geistes aber bedeutet Kultur. Also will der Ein-gang Gottes in die menschliche Natur den Auf-gang dieser in ihm. Der Sendungsauftrag Christi: »Geht hinein in alle Völker . . . !« (30) (d. h. auch: alle Sprachen und Kulturen) zeigt, daß die Inkarnation erst vollendet ist, wenn alle Ausprägungen des Menschseins einbezogen sind.

In jeder Kultur gelangt gültiges (wenn auch nie endgültiges) Menschsein zum Ausdruck. In Wissenschaft, Philosophie und Sprache z. B. kommt die Wirklichkeit selbst menschlich zur Sprache – in der jahrtausendealten christlichen Kulturentwicklung des Abendlandes sogar unter dem mitprägenden Einfluß der Christusbegegnung. Also schließt der christliche Auftrag nicht eine Mißachtung (oder gar Verachtung), sondern eine kritische Bejahung der Vergangenheit ein: in fort-währender Maß-nahme an Christus. Daraus resultiert der Schritt in die Zukunft als je neue und zeitbezogene Ver-

(30) Mt 28, 19; Lk 16, 15.

tiefung des schon und Überwindung des nicht mehr oder noch nicht Christlichen. Dies bedeutet auch die konstruktive Auseinandersetzung mit seinen Verfremdungen und Verfehlungen. Solche Aufgabe einer fortschreitenden Re-form im formenden Geiste Christi betrifft ebenso die Kirche selbst in ihrer immer nur begrenzten Christlichkeit und Menschlichkeit.
Das entschiedene Festhalten des Wesentlichen ist also nur durch eine kontinuierliche Veränderungsbereitschaft in allem anderen möglich; d. h. die *absolute* Ausrichtung auf den zentralen Inhalt bedingt eine nicht mehr – aber auch nicht weniger! – als *relative* Bejahung der Form. Auch die europäische bedeutet eine begrenzt gültige Verwirklichung des christlichen Inhalts. Sie war zunächst das geschichtlich notwendige Gefäß, in dem er anderen Völkern angeboten wurde – wohl mit dem Sinn, daß diese ihn in ihre eigene kulturanthropologische Form umgießen und so zu einer tieferen Verwirklichung ihrer eigenen Natur gelangen sollten. Da der Inhalt in jedes solches Ge-fäß wirk-lich einzugehen vermag, aber von keinem *ganz* zu fassen ist, sind die verschiedenen Kulturen zur gegen-seitigen Er-gänzung in der Verwirklichung des Christseins, zur geschichtlichen Kontinuation und Integration der Inkarnation aufgerufen.

Hierin haben insbesondere Ost und West eine unvertretbare Aufgabe, in der sich der gegensätzliche anthropologische und kulturelle Typus ihres Menschseins erfüllen kann. Der Vorzug des Westens liegt wohl in der Kraft zur Unterscheidung, der des Ostens in der Fähigkeit zur Einheit. Mit der ersteren ist die Gefahr der Trennung und Spaltung gegeben, die leicht in einem kosmologischen und anthropologischen Dualismus von

Materie und Geist und erkenntnistheoretischen Empirismus und Rationalismus führt, ebenso wie in einen sozialen, wirtschaftlichen und politischen Individualismus und radikalen Pluralismus. Für die kirchliche Institution bedeutet dies die Versuchung zu einer vordergründigen »Objektivierung« und »Verdinglichung« der Glaubensinhalte und einer allzu technischen Rationalisierung, Operationalisierung und Normierung des religiösen und sittlichen Lebensvollzugs, was in der Geschichte stets und typisch zu Protest und Spaltung reizte.

Der östlichen Mentalität hingegen entspringt die Gefahr eines zu kurz dimensionierten Zusammenschlusses in die »Einheit des Seins« (eines »ontologischen Kurz-schlusses«), der die notwendigen Unterschiede nicht sieht und achtet. Dies bedeutete ein Verschwinden des Vordergründigen und Konkret-Bestimmten im Hintergründigen, oder besser ein Nicht-Hervortreten des ersteren gegen das letztere bzw. überhaupt des Gegensatzes von beiden. Der Unterschied von Materie bzw. materiell-raum-zeitlich bedingter Vielheit und Andersheit gegen Geist und geistige unbegrenzte Einheit tritt zurück oder drückt sich kaum entsprechend aus, ebensowenig wie von sinnlichem und geistigem Erkennen, intuitiver Erfahrung und rationaler Logik, Passion und Aktion, oder dem einen Individuum und dem anderen. Alles ist im Grunde dasselbe, das Viele und Unterscheidbare nur Modus und Moment der Einheit; in kosmologischer, anthropologischer, erkenntnistheoretischer und sozio-kultureller Hinsicht neigt der Osten zum Monismus.

Die unserer abendländisch-westlichen Neigung zum Dualismus und Pluralismus polar entgegengesetzte Disposition

Ostasiens zum Monismus läßt sich verfolgen z. B. von Laotse (Tao-te-king, kosmologischer Akzent) über Konfuzius (sozial-ethischer Akzent) oder Buddha (im »Nirwana« verschwindet aller individuelle Unterschied und alle Veränderung) bis herauf zur »modernen« asiatischen Meditationskunst. Diese soll ein Weg sein, die in der räumlichen und zeitlichen Materie auseinanderliegenden vielen und begrenzten, vergänglichen und individuellen »Iche« in das eine unbegrenzte und zeitlose, rein geistige und überindividuelle »Selbst« aufzuheben; zur Ablösung von der Materie wird außer »Meditation« auch eine vegetarische und asketische Lebensweise empfohlen.
Eine dem monistischen Ansatz parallele Erscheinungsweise auf politischer und sozialer Ebene stellt der Maoismus dar: Ziel der »permanenten Revolution« ist die »große Harmonie« zwischen Produktionsverhältnissen und Produktivkräften, Mensch und Natur, Wort und Tat, Norm und Wirklichkeit; sie will die »Einebnung der Gegensätze« von Individuum und menschlicher Gattung, Intellektuellen und Werktätigen, Stadt und Land, Partei und Volk in ein »allumfassendes Kollektiv«. Die »Kulturrevolution« diente der Zerstörung etablierter Teilgruppen, die der »großen Einheit« im Wege standen; die »Gehirnwäsche« sucht den einzelnen nicht so sehr physisch als vielmehr psychisch zu liquidieren, d. h. total ins Ganze zu integrieren.

In dieser kultur-anthropologischen Gegensätzlichkeit erscheinen Ost und West auf kritisch-konstruktive Ergänzung und auf Partnerschaft angelegt. In der Dimension der mitmenschlichen Ordnung und gesellschaftlichen Institutionsbildung des Bezugs zur Grund-Wirklichkeit ergibt sich für die »westliche« Mentalität die Aufgabe einer rational festigenden Abhebung, für die »östliche« die einer spirituell befreienden Einung. Diese große Möglichkeit wird an den gegenwärtigen Zerrformen einer gegenseitigen ost-westlichen Infiltration nur um so drängender spürbar: Die westliche dualistische, materialistisch-empiristische und rationalistisch-technische Daseinsverfassung scheint auch den Osten zu ergreifen – ebenso wie die östliche monistische, den Menschen in ein »kollektives Sein« oder »überindividuelles Bewußtsein« total integrierende den Westen. Ost und West spannen sich durch alle politisch-sozialen und kulturell-mentalen Verspannungen, die die Zukunft der Menscheit und des Kosmos in die äußerste Krisis bringen, hindurch aufeinander hin. Liegt die Welt in den Geburtswehen zum »universellen Menschen«, steht eine erneute, universal-radikale Ankunft Christi bevor, die den Sinn der Evolution und der Geschichte end-gültig offenbart und real voll-endet?